施設ケアに役立つ

多職種協働ハンドブック

専門的視点と24Hシートの活用

一般社団法人日本ユニットケア推進センター 監修

中央法規

はじめに

　Aさんは、肺がん末期で、明日をもわからない入居者です。Aさんは、「病院では、スパゲッティ症候群になり、人間の扱いを受けない。入院は絶対嫌だ」という強い意志を明確にしていました。しかし、せき込みが激しく、呼吸も大変苦しそうで、微熱もあります。当然、食欲もありません。見るからに「つらそう」の一言です。

　そのような状況下で、ユニットの介護職は、可能な限り意向に沿うケアを進めます。「何をしたらいいのだろう？」と悩みながらも、本人の気持ちを十分知っているので、何とかしようとがんばります。しかし、咳が激しく、息も絶え絶えの時などは、「何をしたらいいの…？」とおろおろしてしまい、涙ぐむこともありました。

　そんな時、医師の「入院をする・しないではなく、本人の苦痛を和らげるという視点もあるのだよ」という一言に胸をなでおろした、そんな経験が皆さんもあるのではないでしょうか。

　専門職同士が連携し、点と点がつながれば、見方を変えてみれば、できることが増え、可能性が何倍にもなることがあります。しかしそう簡単に、つながれる組織をつくりあげることはできません。研修でも必ず「介護と看護の連携方法をどうしたらいいか」「職員がバラバラで困る」と悩んでいる声を聞きます。

　皆さんは、組織（チーム）をつくりあげるために、どんな手段をとっていますか？

　ここで、組織づくり・職員育成の旗振り役である施設長の例をご紹介します。

　Bさんは、施設長に就任した時、「組織とは？　組織づくりに必要な知識は？」と、毎日、その筋の本を読み続け、理解し実践しました。それが一段落しても「管理者たるもの情報量の多さが大事」と、昼休みは必ず本を読む習慣になりました。

　Cさんは、1週間に1冊・年間52冊のペースで図書館から借りた本を読み続け、読後に必ずどんな本だったかのメモを残しました。始めてから10年で、そのメモのノートの高さは10数cmにもなりました。おかげで多角的に物事をとらえられるようになりました。

書店をのぞいてみると、組織運営や社員教育の本はあふれかえっています。どの業界でもそれだけ需要があるのです。
　①知識を得る
　②情報を得る
　③見える化する（文字化する）
　この3拍子が、まずは組織をつくる第1歩と考えます。

　本書では、施設や専門職のあり方を整理した共通の知識と、事例を通した各種情報とその具体的なかかわりを、24Hシートで見える化して、多職種協働の組織運営のあり方を示しました。
　序章では、組織の運営や経営に関する知識を中心にして、ケアの理念と多職種連携を学術的な立場から記述しています。第1章は、高齢者施設のあるべき姿とそこで働く者の姿勢、第2章は専門職ごとにその役割を理論と実践例で示しています。第3章は、チームケアをするうえで、各専門職がどのようにかかわっていったかを、具体的事例を通して示しています。特に専門職のアプローチを図で表し、かかわり方を示していますので、わかりやすいと思います。

　本書を活用し、組織運営（多職種連携）の1歩を前に踏み出していただきたいと思います。そして、皆さんの施設が「地域で愛される施設」になることをお祈りいたします。

　　　　　　　　　　　　　一般社団法人日本ユニットケア推進センター　センター長
　　　　　　　　　　　　　秋葉都子

目次

はじめに

序章 ケアの理念の共有化と多職種連携 5

ユニット型のケアシステムの位置と考え方・6 ／ ユニットケアにおけるアセスメントの重要性とケアの考え方・16 ／ ユニットケアの理念の共有化と多職種連携・20

第1章 高齢者施設という場 23

介護現場における専門性はどうあるべきか・24 ／ 自宅・病院から高齢者施設に移り住むこと・25 ／ 施設で生活はどのように変わるのか・26 ／ 生活を再構築・継続させるために必要なこと・28 ／ チームをどのように機能させるか・35

第2章 各専門職の基本的な役割 39

1 介護職 40
理論編・40 ／ コラム 2025年に向けた介護人材教育の動向・44 ／ 実践編・47

2 看護職 52
理論編・52 ／ 実践編・57

3 リハビリ職 64
実践編・64

4 栄養士 71
理論編・71 ／ 実践編・76

5 ケアマネジャー 82
理論編・82 ／ 実践編・86

6 生活相談員 91
実践編・91

7 施設長 96
実践編・96

第3章 生活の流れからチームケアを考える 103

1 認知症のある人の事例① 104
特別養護老人ホーム第二天神の杜

2 認知症のある人の事例② 119
特別養護老人ホーム望星荘

3 意欲低下がみられる人の事例 136
特別養護老人ホームゆうらく

4 終末期にある人の事例 148
特別養護老人ホームおおやま

執筆者一覧

序章
ケアの理念の共有化と多職種連携

ケアの理念の共有化と多職種連携

ユニット型のケアシステムの位置と考え方
──ユニットケアへの2つのベクトル

　ユニット型施設におけるケアサービスの提供は、2002（平成14）年に従来の特別養護老人ホーム（以下、特養とします）とは別途にユニット型施設への建設補助金の交付が開始されたことから始まりますが、ユニット型というプライバシーを保護する空間を保障することで、それが従来のケアのどこを変えなければならないのか、改めて入居型施設でのケアはどうあるべきであるかを問う機会となり、高齢者福祉サービスの全体の体系のあり方とその中でのユニット型におけるケアの理念、位置づけが問われることになりました。

ユニット型特養の制度的位置付け

　ユニット型特養の制度上の考え方は、「特別養護老人ホームの設備及び運営に関する基準」に規定があり、その第33条で、基本方針として崇高な理念を掲げています。と同時に、その第2項で、ユニット型特養が実質的に市町村における高齢者介護分野のリーダー的役割、保健医療福祉サービス関係者のコーディネーター的役割を担うということを期待しています（**図表1**参照）。

　制度上の理念や役割・期待は、サービス利用者の介護の重度化、あるいは認知症の重度化が急速に進んでいることや、介護職の人員配置基準、あるいは空間的制約、さらには介護職のケア能力やマネジメント能力等の要因にかかわり、必ずしも制度上の理念や役割が具現化しているとは言い切れません。しかしながら、この理念や役割・期待のもつ意味は大きく、今後の日本の高齢者福祉分野におけるケアの考え方、サービス提供の考え方を左右するものと言えます。

図表1　特別養護老人ホームの設備及び運営に関する基準（抜粋）

第33条
　ユニット型特別養護老人ホームは、入居者一人一人の意思及び人格を尊重し、入居者へのサービスの提供に関する計画に基づき、（中略）入居前の居宅における生活と入居後の生活が連続したものとなるよう配慮しながら、各ユニットにおいて入居者が相互に社会的関係を築き、自律的な日常生活を営むことを支援しなければならない。
2　ユニット型特別養護老人ホームは、地域や家庭との結び付きを重視した運営を行い、市町村、老人の福祉を増進することを目的とする事業を行う者その他の保健医療サービス又は福祉サービスを提供する者との密接な連携に努めなければならない。

また、児童福祉分野や障害福祉分野におけるサービス提供のあり方にも大きく影響を与えるものとも言えます。

ユニット型施設におけるケアサービスの2つのベクトル

　ユニット型施設におけるケアサービスの提供の考え方、位置づけを考える場合には2つのベクトルがあります。

　第1のベクトルは、従来の特養を基盤として、そこからの発想、アプローチによる考え方、位置づけのベクトルです。従来の特養でのサービスのメリット、デメリットを勘案し、サービス利用者個人の尊厳、人間性を尊重する空間での、個人に合わせたケアマネジメントによるサービスを提供するというアプローチです。

　それはユニット型のケアシステムの制度が始まるまでに、すでに数多くの特養が設置され、それらが重要な役割を担ってきた状況のなかでのアプローチですから、どうしても発想が"白紙に絵を描く"というわけにはいきません。したがって、ユニットケアといっても、従来の特養におけるサービス提供のあり様に引きずられがちです。そこでは、ユニット型のケアシステムは従来の特養でのサービスのある意味単純な"空間的分散化"という考えで、ケアサービスを提供してしまうことになります。

　第2のベクトルは、高齢化社会がますます進み、同時に家族の介護力や地域での支援力が脆弱になりつつある状況のなかで、家族介

護をあきらめて、すぐに要介護高齢者を従来の特養へ入居させるのでなく、自分たち家族や地域の支援力をぎりぎりまで尊重、活用しつつ、それに少し手を貸して欲しいというレベルでの介護サービスや生活支援、終末期等における家庭機能の社会化というベクトルです。

在宅での本人や介護家族者の思いを具現化させる在宅福祉サービスの"象徴"としてのユニット型施設におけるケアサービスへの期待です。しかもそれは、ユニット型施設におけるケアサービスを"地域住民が気楽に共同利用でき、地域住民の自立生活を支援する拠点施設"という理念の具現化を求めたベクトルです。

入居型施設でのサービス提供のあり方

筆者は、1978年に「施設の社会化と福祉実践―老人福祉施設を中心に―」(『社会福祉学』第19号、日本社会福祉学会)という論文を発表しています。その論文は、①「施設の社会化」論の2つの系譜、②施設の社会化と地域化、③入居者の生活圏拡大と地域化・自立化、④地域住民の社会資源としての老人福祉施設、⑤老人福祉施設の地域配置と住民参加という5つの柱から構成され、入居型老人福祉施設でのサービス提供、ケアのあり方を論述しています。

そして、その地域化には、❶サービス利用者の地域化、❷職員の知識・技術の地域化、❸法人・施設が有している設備・空間という資源の地域化、❹地域住民が求める共同利用施設として法人全体が地域貢献するという地域化、という4つの課題があることを示しました。

論文執筆の背景には、国民の生活を守っていくためには、金銭的給付だけではなく、さまざまな対人援助サービスが地域の属性、状況が異なることを踏まえて地方自治体ごとに整備されていく必要があり、それは地域住民の共同利用施設としての機能をもつ必要があるのではないかと考えたからです。

1970年以降急速に特養が増設されてきましたが、それは直接的には厚生省(当時)による1971年から始まる「社会福祉施設緊急整備5カ年計画」などの政策誘導策があったからです。そこには

図表2　入居型施設福祉サービスの分節化と構造化

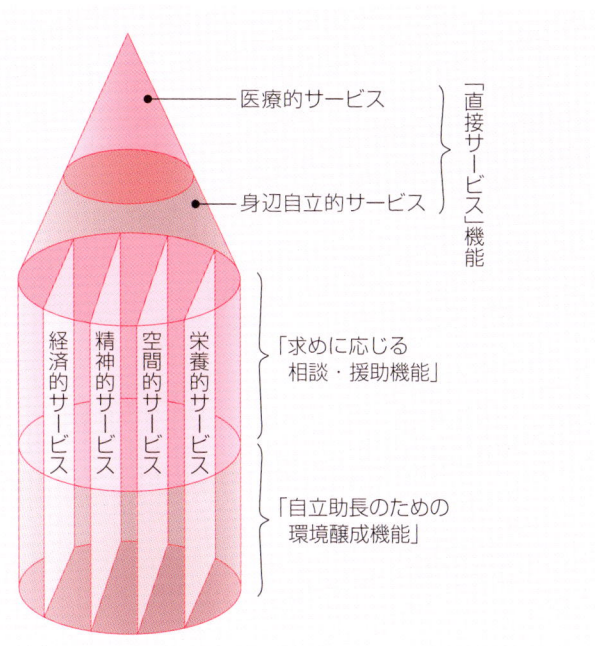

出典：大橋謙策「施設の社会化と福祉実践―老人福祉施設を中心に―」『社会福祉学』第19号、日本社会福祉学会、1978年を一部改変

　急激な都市化、核家族化、工業化の進展により、家族の介護力、地域の支援力が脆弱化したという背景があったからであり、家族介護の限界や地域での自立生活支援が限界になった際の選択肢を、入居型施設である特養しか描けなかった（1971年には「コミュニティ形成と社会福祉」という中央社会福祉審議会の答申も出され、多様な在宅サービスの原型ともなるサービスをイメージにしていたが）というなかでの選択でありました。そこでは家族介護か、入居型施設でのサービス利用かという二者択一とならざるを得ませんでした。
　結果として、入居型施設でのサービス提供はサービス利用者の尊厳を踏まえ、かつ家族の気持ちも尊重して、家族が安心して、地域住民が参加、共同して利用できる施設ではなく、措置行政として提供する画一的で、集団的なサービス提供になりがちでした。
　そのようななかで、できる限り、サービス利用者の尊厳と自己実現、人間性尊重のサービスを提供することを目的に入居型施設で提供しているサービスのあり方を改革するためには、それら提供されているサービス（処遇・当時の表現）を分節化し、構造化する必要があるのではないかと考えたのが**図表2**です。入居型施設でのサー

ビスは6つのサービス（栄養的サービス、空間的サービス、精神的サービス、経済的サービス、身辺自立的サービス、医療的サービス）に分節化できます。その各々の分節化した機能を十全に発揮するために多くの専門職が施設内で多職種連携を意識せず、組織体の一員としての立場から仕事をしています。

　例えば、栄養的サービス分野では管理栄養士が、医療的管理・バイタルチェックでは看護職が、身辺自立的サービスでは介護職が、経済的処遇の分野では生活相談員としての社会福祉士が、という具合に、本人達は専門職としての自覚と多職種連携という意識よりも、組織体の一員という当たり前の認識で、組織としてのサービス提供を自動的に、総合的に行わざるを得ません。

　しかし、入居型施設ではそれらがすべての人に自明のように、パッケージされて、画一的に提供されがちであり、サービス利用者個々人の状態や希望等を十分反映させていないところが問題ではないかということを指摘しました。

施設サービス提供方法の3つのレベル

　さらに、入居型施設でのサービス提供のあり方は、サービス利用者の個々の状態を考えるならば構造化できるのではないかと考えました。

　第1のレベルは、住宅や居住空間の保障、バリアーフリーの生活環境などの「自立助長のための環境醸成」機能です。生活しやすい環境醸成をしておきさえしておけば十分自立生活を送ることができる人もいるわけです。当時としては養護老人ホームなどを考えていました。

　第2のレベルは、必要な時に、緊急な時に「求めに応ずる相談・援助」機能があれば安心して暮らせる人です。常に直接的な対応をする必要がなく、専門職なりと創った生活プログラムを遂行しているが、その実施過程で何か困ったときに相談・援助をしてくれる人やその機能の存在が拠り所になるわけです。

　第3のレベルは、常時直接的な「身辺自立的サービス」や「医療的サービス」を必要としている人です。その場合、これらの人々も自らの意思や意見を明確に表明できないとしても、「快・不快」の反

応、表情はあるわけですから、サービス利用者の「快・不快」を読み取り、尊重しながら直接的ケアをしていくことが重要です。

このようなサービス提供の構造化から考えると、入居サービス利用者すべての人に同じサービスを画一的に、集団的に提供する必要がありません。サービス利用者一人ひとりの状況をよく踏まえて、サービス提供することが、従来の入居施設でも必要であり、重要なことだということを指摘したわけです。

これら入居型施設でのサービスを分節化、構造化させると、サービス利用者の状態像や本人が求めていること、職員による専門的なサービス提供が必要と考えた判断（アセスメント）から、個別に必要なサービスを組み合わせてパッケージ化して提供すればいいのではないかと考えました（当時は今日的な「ケアマネジメント」と言う用語を使っていませんでした）。

これらの論述は、サービス利用者の介護度や状態像を十分示さないままの論理展開であるので、現場から乖離していると批判される可能性はあると自覚しながらも、サービス提供の考え方、あり方として問題提起させていただきました。

施設サービスの地域分散・利用方法と在宅サービス

その後、これら分節化されたサービスは何も１か所で集約的に提供することはなく、それを地域に分散的に整備すれば家族の介護機能が脆弱になっても、本人がそれらのサービスを利用して在宅生活を送れるのではないかと考えました。在宅で利用できるように在宅福祉サービスを整備し、必要な時に相談し、支援を受けられるシステムを構築すれば、家族から離れ、地域からも離れて特養に必ずしも入所しなくてもいいのではないか、と考えて作成したのが**図表３**の「在宅生活自立援助ネットワーク」です（「社会福祉思想・法理念にみるレクリエーションの位置」、『日本社会事業大学研究紀要』第34集、1987年）。

そこでは、福祉サービスはサービス利用者がもつ「快・不快」の感情や喜び、遊びを大切にしつつ、本人の幸福追求権、自己実現を

図ることが重要であることを指摘しました。その上で、それらサービスを提供する際には、個々人の状況に見合って「求めと必要」に応じてサービスをパッケージ化させることの重要性を提起しています。

同時に、このように入居施設でのサービスを分節化し、地域分散させて提供するという考え方は、法人・施設の地域貢献・社会貢献を考える上でも重要です。先に述べた「施設の地域化」の４つの機能と、この在宅生活自立支援ネットワークとをつなげれば、法人・施設の地域貢献・社会貢献の活動のイメージが数多く出てきます。

とすれば、在宅福祉サービスは入所型施設が歴史的に果たしてきた役割と実践と無関係に存在するものでもなく、かつ入居型施設と在宅福祉サービスとを二律背反的に位置づける必要もなく、在宅福祉サービスは入居型施設が提供しているサービスの地域的分散と地域住民による主体的選択により成り立つ入居型施設福祉サービスの発展形態であると指摘しました。

図表3　在宅生活自立援助ネットワーク

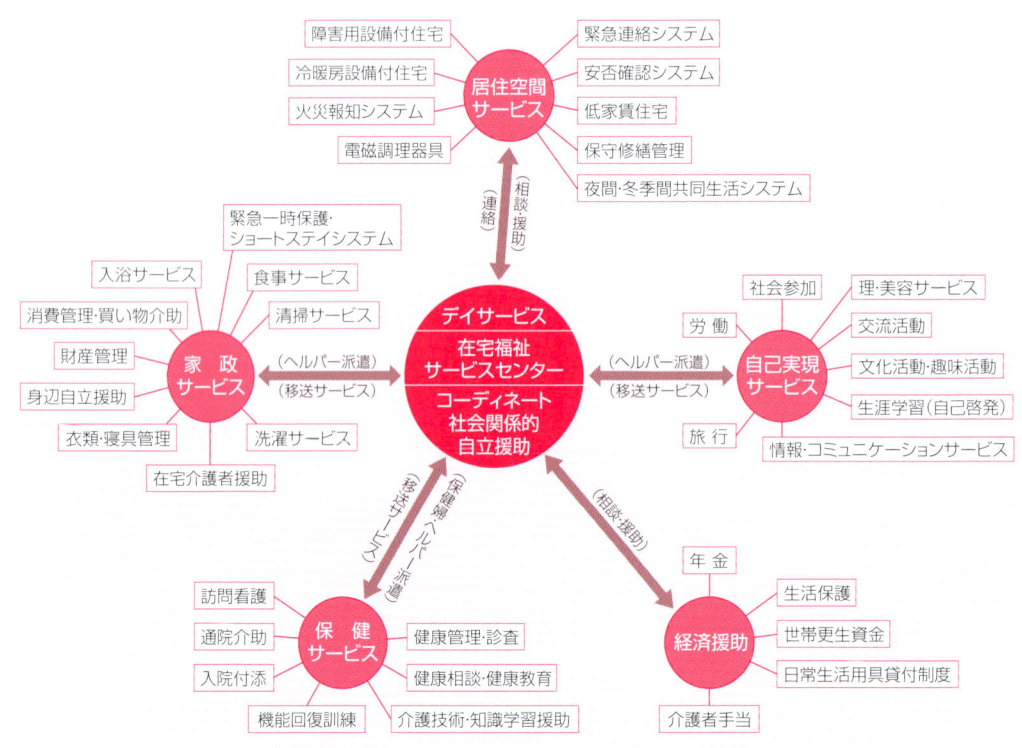

出典：大橋謙策著「社会福祉思想・法理念にみるレクリエーションの位置」『日本社会社会事業大学研究紀要』第34集、1987年

施設ケアと在宅ケアの結節点としてのユニットケア

　このような入居型の施設福祉サービスと在宅福祉サービスとの歴史的展開を踏まえると、在宅福祉サービスと施設福祉サービスとは対立的ではなく、家庭・家族──訪問型在宅福祉サービス──通所型在宅福祉サービス──短期入居型・小規模入居型施設福祉サービス──長期入居型施設福祉サービスとが連続線上に並び、必要に応じて利用者が組み合わせ、利用できるようになるのが望ましいと考えました。

　ユニットケアは言わば、在宅福祉サービスと長期入居型施設福祉サービスとの結節点に位置し、限りなく地域での本人の生活の延長として、かつ家族の希望を限りなく受止め、家族が頼れる、安心できる共同利用施設としての位置と理念を有しているのではないかと考えられます。冒頭で触れた「特別養護老人ホームの整備及び運営に関する基準」は、それを理念として示したのではないかと考えられます。

　在宅の高齢者はややもすると孤独になりがちであり、日常生活上の様々な生活のしづらさを抱えています。ゴミ出しは在宅では日常生活上欠かせない機能です。しかしながら、従来の特養では自分と同じような生活課題を抱えたサービス利用者もいれば、職員もおり、かつボランティアも訪れますので外見的な寂しさはなく、社会的交流もできます。また、特養ではゴミ出しの心配もしなくてすみますし、買い物の心配もありません。さらに、特養には看護職がいてバイタルチェックもしてくれます。

　このように、特養にはいろいろなサービスもあり、在宅に比べてメリットもあります。しかしながら、サービス提供が時間管理、スケジュール的で、画一的、集団的で、ややもするとプライバシーも守れません。

　この両者のメリット、デメリットを踏まえて展開されるのがユニットケアです。したがって、そこでは従来の特養の延長上にユニットケアサービスのあり方を考えるのではなく、本人の尊厳、意

思を尊重し、家庭や家族の願いの延長上のサービスのあり方を考え、かつ従来の特養でのサービスのメリット面を加味したケアサービスのあり方が考えられる必要があります。

とりわけ、家庭で家族が常時介護するのでは家族の介護疲弊は激しくなりがちです。かと言って施設に任せきりも嫌だという家族の思いを受け止め、家族ができる時に、サービス利用者が求める時に家族介護ができるようなケアやサービス提供のあり方が今後深められる必要があります。

その言わば象徴とも言えるものが「看取り」です。在宅での「看取り」は住宅事情もあり容易ではありませんが、かといってスパゲティ症候群的な、延命治療的な病院での「看取り」も好まない家族の希望に応えられることこそ、ユニットケアが施設福祉サービスと在宅福祉サービスとの結節点として、ケアの象徴であるといっても過言ではありません。

また、ユニットケアでは、**図表2**で示した自己実現サービスを重視し、サービス利用者の「地域化」を常に意識して提供することが重要です。それが施設を開かれたものとし、地域住民との交流も生まれる、「在宅ケアと施設ケアの結節点」としての機能の最たるものです。**図表2**の家政サービスと相まって、法人・施設の地域貢献のポイントになるところでもあります。

地域包括ケアシステムとユニットケア

このようなサービス提供のあり方は、「2025年問題」に向けてとみに言われています、地域包括ケアシステムの構築を考えるうえで重要です。地域包括ケアシステムは、先に入居型施設サービスを分節化したものを、改めて市町村というレベルで日常生活圏域ごとにシステム化させることです。そこでは、入居型施設のようにサービスや機能があらかじめ同一場所に、組織として一体化させられていませんので、改めてサービスを必要としている人々、家族の状況を踏まえて個別支援レベルでも、機関のシステムとしてもコーディネートされて提供される必要があります。しかも、在宅生活を支援するためには専門職の連携、システムだけでは不十分です。近隣住民やボランティアによるソーシャルサポートネットワーク（情緒的

図表4　地域包括ケアシステムとコミュニティソーシャルワーク

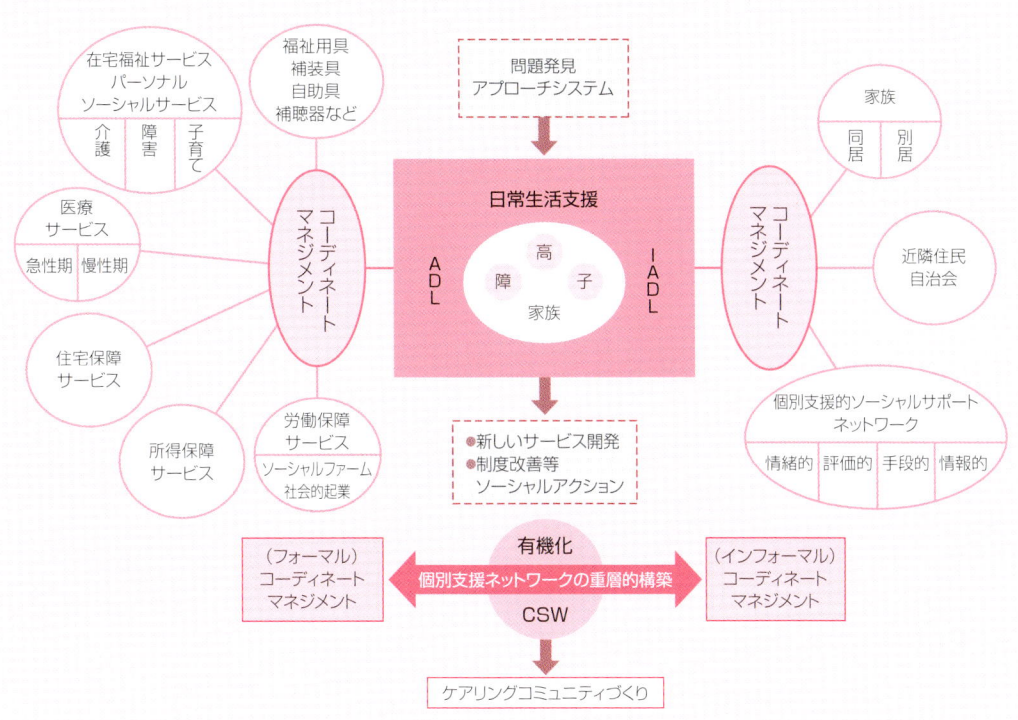

大橋謙策　作成

支援・評価的支援・手段的支援・情報的支援の4つの機能）も地域自立生活支援には必要です。

　そのような地域自立生活支援とその支援システムを図示したのが**図表4**です。フォーマルサービスのマネジメントと、インフォーマルサービスのマネジメントの2つの機能をコーディネート（有機化）したうえで、それに問題発見のアプローチや新しいサービス開発などのソーシャルワーク機能を加味したコミュニティソーシャルワーク機能が今後地域包括ケアには不可欠になります。

　ユニットケアはこのような理念、機能を日常生活圏域での拠点として役割を担えるように期待したのが先の「基準」（**図表1**参照）で示された理念ではないでしょうか。それを達成するのにはいろいろ条件の不備もあろうかと思いますが、ユニットケアが家族介護の限界を助け、従来の特養のデメリットを是正して、新たな高齢者介護の地平を切り開く結節点になってほしいと思います。

ユニットケアにおけるアセスメントの重要性とケアの考え方

　日本の社会福祉におけるケアや自立生活の捉え方はやや狭すぎました。日本の社会福祉は1930年代からの影響で、労働経済学に依拠した社会政策の補充、代替という位置付けでした。社会福祉における自立は経済活動に参加して、自らの生計を成り立たせるという経済的自立を目的にしがちでした。そこではこの世に生まれてきた生きとし生けるものの幸福追求、自己実現という考え方は脆弱であったと言わざるを得ません。

　それらの影響の結果でしょうか、ケアの考え方も人間尊重、個人の尊厳を実現するケアというよりも、福祉サービスを利用している人の生命の保持（呼吸することの保障）のための食事介助、排泄介助であり、そのための生活環境を整然に保つという点に力点が置かれる「医学モデル」であったといえます。福祉サービスを利用している人の生きる喜び、生きる意欲、生きる希望を引き出し、支えるという「社会生活モデル」と言える視点は弱かったと言わざるを得ません。

　これらのことを丁寧に論述する紙幅の余裕はありませんが、結果的に入居型施設では福祉サービス利用者のADL（日常動作能力）が重要なアセスメントの視点となっていました。しかしながら、入居型施設サービスにおいても、先に述べたようにサービスを分節化、構造化させれば、精神的・文化的サービスや空間的サービスにおける支援というものの考え方や位置づけがもっと意識化されなければなりませんでした。それにもかかわらず、入居型施設という組織体としてサービスを提供するという前提のもとに、パッケージ化されたサービスのなかではそれらは意識化されず、その視点、考え方は埋没しがちです。

ユニットケアで求められるアセスメントの視点

　ところで、施設福祉サービスの対極と考えられがちな地域での自立生活支援を考えた場合、入居型施設での生活とそこで求められる

アセスメントとは全くといっていいほどアセスメントの視点と項目は異なります。

　地域での自立生活支援のあり方は、入居型施設のように、全国的に決められている施設最低基準に基づき、限られた空間において、単身者として24時間365日職員の管理的見守り体制のもとでサービスの提供を受けるのとは異なり、住まいの状況、住宅地の地域環境、同居家族の有無、近隣住民によるソーシャルサポートネットワークの有無など一人ひとりの条件がすべて異なると言って過言ではありません。

　したがって、地域自立生活支援においては、入居型施設のようにあらかじめ組織体としてのサービスがパッケージ化されていて、それに合うようにサービス利用者を誘導し、ケアの提供をするサービス提供のマニュアルがあるわけではありません。サービス利用者一人ひとりの置かれている状況、生活文化、行動様式、願いが異なるわけで、それを踏まえたアセスメントが重要になります。入居型施設以上に個別アセスメントが必要であり、重要になります。

　しかも、入居型施設においてはADL＊を軸にしたアセスメントが基軸に考えられがちですが、地域自立生活支援では、ADLはもとより、買い物の能力、料理の能力、生活管理の能力などIADL＊が大切な意味をもちます。さらには、近隣住民や友人との交流の頻度や社会活動への参加状況なども重要なアセスメントの項目となります。

　したがって、ユニットケアのあり方を考える場合、先に述べた「特別養護老人ホームの設備及び運営に関する基準」の規定にもあるように"入居前の居宅における生活と入居後の生活が連続したものとなるよう"配慮しなければならないわけですから、ユニットケアでは従来の特養以上にアセスメントの視点と項目が大切です。それは先に述べたユニットケアの位置づけに関する2つのベクトルでもあるのですが、ユニットケアにおけるアセスメントの視点と項目は、従来の特養で採用されているアセスメントの視点と項目の延長ではなく、地域自立生活支援で求められるアセスメントの視点と項目の延長でなければなりません。

＊Activities of Daily Livingの略で、人が日常生活を送るための基本的な動作のこと。食事、入浴、更衣、排泄などがある

＊Instrumental Activities of Daily Livingの略。ADLが日常生活の基本的な動作であるのに対して、IADLは、買い物に行く、バスに乗るなどのように、ADLを応用した動作となる

6つの自立の要件を踏まえた支援

ところで、地域での自立生活支援という場合、日本の社会福祉が長らくとらわれていた経済的自立への支援や心身に障害を有する人の身体的自立を支援し、結果としてその人が社会経済活動に参加をして経済的自立を図るという支援では対応できません。

社会福祉法や介護保険法の理念、あるいはユニット型施設の運営の基本方針を考えても、今や福祉サービス利用者の個人の尊厳、人間性の尊重がうたわれております。

今求められている自立生活支援とは、**図表5**の人間としての尊厳にかかわる6つの自立の要件を十分踏まえて支援することが大切になります。

図表5　6つの自立の要件

①労働的・経済的自立	②精神的・文化的自立
③人間関係的・社会関係的自立	④身体的・健康的自立
⑤生活技術的・家政管理的自立	⑥政治的・契約的自立

これらの6つの自立の要件が何らかの事由によって欠損しているか、不十分であるか、停滞しているかをアセスメントします。その際大事なことは、先に述べた福祉サービス提供を構造化した**図表2**です。すべて、よかれと思ってケアを提供することは、かえってサービス利用者の主体性を損ない、ケアサービスへの依存度を高めてしまい、結果として利用者の自立を妨げることにもなりかねません。福祉サービスを必要としている人が「何ができて、何ができないのか」をきちんとアセスメントしてケアを提供しなければなりません。しかも、その際に考えなければならないことは、その人の生きる意欲、生きる希望との関係です。何でもしてもらうのが"楽"だと考えるのか、自分自身で何かを取り組もうと意欲的なのか、によって状況は変わります。

戦前の日本において、社会事業の積極性と消極性が問われたことがあります。物資的・金銭的給付やサービス現物給付は言わば消極的社会事業で、積極的社会事業はその人の生きる意欲、生きる希望

を引き出し、支え、それが実現できるように支援することでした。戦後の社会福祉はこの積極的社会事業の側面を忘れ、物資的・金銭的給付やサービス現物給付をすれば問題は解決すると考えがちでした。しかし、重要なことは生活者である福祉サービス利用者自身がどうしたいのかを考えることです。その人の主体性を常に尊重することです。それが、個人の尊厳・人間性の尊重なのです。

福祉サービス利用者の意欲と主体性の把握 ●●●

　ここでも大きな問題があります。日本では稲作農耕が歴史的に創り出してきた、「物言わぬ農民」「世間体」「寄らば大樹の陰」「出る杭は打たれる」という処世訓に代表されるように、人前で自分の思いや意見を表明することができない（しにくい）文化があります。まして、使ったこともない福祉サービスの良し悪し等は住民にはわかりません。これらのことを意識しないアセスメントは、本当に福祉サービスを必要としている人のニーズを把握したことになるでしょうか。

　しかも、従来のアセスメントは世界保健機関（WHO）が1980年に定めたICIDH＊（国際障害分類）により、医学的にADLに影響を与える心身機能の障害の診断を基に考えられがちでした。しかしながら、WHOは2001年、心身に機能障害があっても環境因子を変えれば多くの能力を発揮でき、自立生活が可能になるというICF＊（国際生活機能分類）という考え方を打ち出しました。

　古来から"人間の特性とは何か"と論議されてきましたが、その特性の一つに"道具を使うこと"があります。介護ロボット、福祉機器の開発、実用化は急速に進んでいます。これら介護ロボット、福祉機器を活用することは、それを利用したいという福祉サービス利用者自身の意欲や主体性が問われるわけで、これからのアセスメントでは重要な位置を占めてきます。介護ロボット、福祉機器の活用は、介護者の腰痛予防や省力化にも効果をもたらすでしょうが、それ以上にサービス利用者の生きる意欲とその機器を使うという主体性が回復、増大することが期待されます。

＊ICIDHでは、障害を3つのレベルに分け、「機能障害」「能力障害」「社会的不利」としている。

＊ICFでは、「環境因子」と「個人因子」を重視し、「心身機能・身体構造」「活動」「参加」という3つの次元が相互に影響を与えるモデルを提案している。

ユニットケアの理念の共有化と多職種連携

　従来の特養では、同じフロア、空間に多数の職員がおり、必要があれば相談できますし、その中には組織体としてサービスを提供するという前提のもとに、多くの専門職が業務に携わっています。しかしながら、ユニット型では各ユニットにはごく限られた職員しか配属できません。それだけに、ユニット型においては従来の特養以上に意識的に関係職員によるケア理念の共有化が求められます。

理念の共有化が必要となる理由

　ユニット型施設では個室という空間におけるプライバシーの保護とセミパブリックやパブリックの空間が混在しているがゆえに、従来の特養と在宅福祉サービスとの結節点にあるわけです。それだけに個々のサービス利用者のアセスメントが重要であると上述してきましたが、そのアセスメントが職員に共有化されたものになっていないと職員個々人の"我流"になりがちです。それと同時に、他者の評価の目もないことから混乱を招くことになりかねません。

　しかも、サービス利用者の個々の思いや希望をできるだけ尊重しようとすると、その時点ごとに、サービス利用者の「快・不快」の表情などを受け止め、判断し、そこでのサービス提供のあり方を考える担当者の応用性と判断力が問われることになります。したがって、従来の特養以上に、ユニット型施設における自立支援の考え方やアセスメントのあり方の共有化が重要になります。

　そのことは、言わばユニットでの"一人職場"に近い状況で、介護職個々人の応用力、判断力が問われることになるわけですから、介護職が組織全体のケア理念を十分咀嚼し、問題解決能力を高めておかないと、離職率を高めることになりかねません。それは、看護職の場合でも同じで、病院等の組織体の中でマニュアル的に業務を執行するのと違い、"一人職場"としての専門職の判断と行動が問われるわけですから、不安にかられることは予想に難くありません。

　このようなユニット型施設の職場がもつ特色を十分踏まえると、ユニットケアの理念やそれを経営している社会福祉法人等の組織体

の理念の共有化は最も基本的なことです。しかも働く時間、働く場所が同一ではない場合が多いだけにより、それが求められます。

ましてや、同じサービス利用者への支援を考える上で、職員個々人の"我流"ではないにしても多職種が己の専門性のみに目を奪われ対応しようとしたのでは、現場は混乱します。アセスメントの視点と項目を共有化させ、できれば組織内で共通アセスメントシートを開発し、ケースカンファレンスを行うことができればケア理念の共有化はすすむでしょう。

多職種連携と組織

ユニットケアにおいては、上述したようにサービス利用者個々人のケアマネジメントを共有化させると同時に、ユニットごとの生活環境の整備のあり方や、家族・外部の人々との交流のあり方、セミパブリック空間の使い方、行事の持ち方などユニットごとのマネジメントも求められますし、その理念、考え方の共有化も必要です。それは、当然介護職だけの問題ではなく、ユニットにかかわる専門多職種連携も必要となります。

例えば、一般的な利用者の食事介護のあり方を考えた場合、管理栄養士による食事の内容、歯科医師などによる嚥下能力の把握などのチームアセスメントが必要になります。まして、特別食や治療食の配慮をしなければならない場合には、よりチームアプローチが求められるでしょう。

あるいは、サービス利用者が認知症などで十分な意思表示ができない場合には、生活相談員を中心に本人の意思確認をして、ケアプランの作成にあたっては、介護職や家族、成年後見人を含めての援助方針立案が求められてくるでしょう。

さらに、車いすでの座位保持をしっかりさせる車いすシーティングでは、理学療法士・作業療法士との連携もありますし、サービス利用者の「聞こえ」の保障では認定補聴器技能者との連携も必要です。

時には、食事の経口摂取が困難になった際の「胃ろう」造設や終末期の延命装置の問題では、日常的に行われていたケアのあり方と関係して、医師、看護職、介護職、生活相談員などによるチームア

プローチが必要になります。

　在宅での生活とユニット型施設との連動性を維持しようとすれば、近隣住民や友人によるインフォーマルサービスとしてのソーシャルサポートネットワークの活用も生活相談員などの課題となるでしょう。

　上記の課題は、施設内にいる多職種の連携のみならず、外部の多職種連携も求めてきます。

　さらには、ユニット型施設を経営している組織の運営・経営理念や財政的負担、経費の問題ともかかわらせなければ、求められるユニットケアの理念も実現できないわけですから、ユニットケアの理念の共有化を踏まえたうえでの組織体としてのマネジメントの共有化も必要です。組織体としてのユニットケアの理念とマネジメントにかかわっては、ユニットケアが「結節点」であるがゆえに、これから求められる地域包括ケアシステムの中核的役割を担うことも求められてくるでしょう。

　ユニット型施設では、これらの専門多職種が組織集団として対応しやすい従来の特養と違って、サービス提供の場面では、少数の人間で対応することになりかねませんので、従来の特養以上に関係者のケア理念の共有化、個別ケアプラン作成におけるチームアセスメントが重要になってきているということです。

第1章
高齢者施設という場

高齢者施設という場

介護現場における専門性はどうあるべきか

　臨床哲学者の鷲田清一さんが『老いの空白』(弘文堂、2003年)という本のなかで、介護の場における「専門性」について書いています。

　　専門性を捨てる用意があるだけでなく、専門性を捨てなければならないこと、つまりだれかの前でまずはひとりのひとであること。
　　おのれの培った専門性をいったん棚上げにして、じぶんもまた名前をもったひとりの特異な者として別の特異な者の代理になる用意があるということこそ、ケアもしくは臨床の現場の専門性のありかたにほかならない。

　要するに、日ごろはone of them（その他大勢）であっても、いざというときに専門性を発揮できるのが介護の現場における専門性でありプロだということです。また、介護の現場では「往々にしてケアする者とケアされる者の区別がつかなくなるときがある」ともあります。
　私は「専門性」を否定してはいません。一般的に企業や商店など、製造・販売の形態や規模の大小にかかわらず、他への優位性を保ち続けるために、絶えず技術を錬磨し、専門性を前面に押しださなければ、利益を上げられないどころか存続すら危ぶまれます。これは病院や研究所においても同様です。このような職場では、ケアの場とは違い「専門性」を常時問われます。
　「介護の場」としての施設。とくに、「暮らしの継続」という視点で運営される施設は、人によっては「終の棲家」となる場であり、ある人にとっては家族との関係性を修復し、暮らしを再構築する場

になることもあります。このような高齢者施設における看護職・栄養士・介護職・ケアマネジャー・生活相談員・リハビリ職等の「専門性」はどうあるべきかについて考えてみたいと思います。

　本書を読み進みながら、入居者の暮らしを支えるために、多職種が連携している姿をイメージしていただきたいのです。何か物事に取り掛かろうとするとき、達成した状態のイメージを明確にしないまま手段を思いめぐらしがちです。結果、何から手をつけてよいか分からないとか、着手しても途中で何が何だか分からなくなることが多いのです。イメージを確固とし、かつ詳細に描き出し、多職種でそのイメージを共有して欲しいのです。あとはそれに向かって進むだけです。

自宅・病院から高齢者施設に移り住むこと

　みなさんはリロケーション・ダメージという言葉を聞いたことがあるでしょうか。「新しい場所や環境に移転したときに受ける心の動揺」とでも訳せるでしょうか。環境の圧力・変化を肯定的に感じて、適応するための行動・能力が高ければ、苦痛やダメージを感じないと思います。かえって安楽すら感じることもあるでしょう。しかし、高齢になると新しい環境を否定的に感じて適応しにくく、コミュニケーションに戸惑いを感じる人もいれば、混乱を生じることもあるといわれています。

リロケーション・ダメージは、転居に限らずショートステイの利用中に感じる人もいれば、デイサービスでも感じる人がいます。もし、認知症を患っていれば、リロケーション・ショックがダメージとなって、精神的に不安定になり帰宅願望として表れるともいわれています。これを繰り返すことで、症状が悪化することもあるそうです。

　特別養護老人ホームなどの高齢者施設に移り住むとなれば、建物の構造やしつらえに加え、見える景色なども違います。周りは見知らぬ人ばかり。自分に対する周りの言葉づかいが今までと違うかもしれません。このとき入居者が受けるダメージは大きいとされています。自らがコントロールできた住み慣れた我が家から、何もかもが違う環境へ移り住むことの精神的な負担は、私たちが想像する以上のものがあるでしょう。そして、入居した日から新しい環境のなかで生活を再構築する努力を強いられるのです。

施設で生活はどのように変わるのか

　私たちは「そのひとらしさ」という言葉をよく使います。でも「そのひとらしさ」を自分に置き換えてみたとき、説明することが結構むずかしいのではないでしょうか。もしかすると誰も説明できないかもしれません。また、自分が思っている「自分らしさ」と他人が認識している「あなたらしさ」は必ずしも一致するとは限りません。むしろ一致しないのが普通ではないでしょうか。

　どちらが正しいということではなく、友人関係においても職場における人間関係であっても、互いが相手の「らしさ」をいかにして正確につかもうとする、その姿勢が大切だと思います。これは、入居者に対する「その人らしさ」探しと同じではないでしょうか。

　「らしさ」は髪型や服装の好みにもよるでしょう。女性なら化粧水の香りや口紅の色、身に付けるアクセサリー、スカーフも「らしさ」を表現できるアイテムです。しかし、介護しやすい髪型や服装を入居者や家族に勧めてはいないでしょうか。危険だからと決めつけて、女性らしさを演出できるものを一様に取り上げてはいないでしょうか。そこまでしていないとしても、「その人らしさ」に目を向けず、意向や好みに気づいていてもアクションを起こさない。「整

容」の2文字で一律にケアをしていませんか。個別ケアは「その人らしさ」探しではなかったのでしょうか。

　もうひとつ大切なことは、人の数だけケアがあることです。「人それぞれ」があたりまえということです。でも、あたりまえのはずのことが介護の世界では、長い間「皆と同じ」が主流だったのです。朝に目覚める時間は人それぞれでも、起床介助を受けるのは短時間のうちに皆と同じように介助され、食堂へ。食事も、皆と同じ時間に一斉に食べる。口腔ケアも、排泄ケアも、入浴も……。

　そうしなければ業務が回っていかないという施設の都合があったからでしょう。介護が必要となって、そのような時間の流れの施設に入ることになった人の戸惑いはどれほどでしょうか。

　認知症を患っていれば、ことあるごとに感じる不安は多く・強くなるばかりです。自分の身の回りのことが自分でできなくなったつらさや歯がゆさに追討ちをかけるようなことを強いられるような日々。あるいは、過剰介護によりできることを取り上げられることもあります。これでよいのでしょうか。

ストレングスの視点

　スポーツ用語にストレングス（strength）があります。スポーツ科学（運動生理学）の知識をいかし、選手の運動能力を最大限に引きだすことをストレングスコーチと呼ぶそうです*。介護においても「ストレングス視点」という言葉を聞きます。介護が必要となった人が持つ強さに着目し、何ができないのかといったネガティブなことばかりに目を向けるのでなく、「できていること」「していること」に着目することです。「このようになりたい」「こうありたい」と思い描けるように、強みをいかした主体的な暮らしを支援するというポジティブな視点です。

　この視点の裏づけとなるのは、WHO（世界保健機関）が規定しているICF（国際生活機能分類）という概念です。ICFは「生活機能」というプラス面を見ようとすることで、「機能障害」「能力障害」などのマイナス面が中心の視点からの転換です。この考えに沿って、意欲や主体性を重視した生活の目標を明確にしてケアプランを立ててもらいたいです。

＊ストレングスコーチの視点では、人間は運動能力に限らず、情緒面や社会的な行動面、精神的能力においても未活用で未決定の貯蔵庫をもっているということが前提となっている。

過剰な介護により、できることを奪われ、入居者に生きる意欲を喪失して欲しくないと考えるのは筆者だけでしょうか。自分が入居者の立場に置かれたときを考え、そのつらさに向き合って受けとめてきたでしょうか。一人の力ではどうすることもできない現実に阻まれ続けているのではないでしょうか。でも、あきらめずに少しでもと頑張っていることでしょう。もう一人で頑張る必要はないのです。さまざまな専門職が力を合わせて、施設が一つになって取り組めるようになることが本書のゴールです。

生活を再構築・継続させるために必要なこと

　ここまで高齢者施設とはどういうところなのか、そこへ移り住むということはどういうことなのか、そこでの生活はどう変わるのかについて考えてきました。

　そのなかで私たちは何を大切にケアすればよいか。入居者がどのように暮らすことが幸せなのかなどを知ることができました。

　次に、入居者本人の生活を再構築あるいは継続させるために、何が必要でどのようにすればよいのかを考えましょう。

ポイント1　安心して過ごすための環境づくり

　見出しの通り読めば、環境・空間といったハードの部分が中心のようですが、本当に大切なのは入居者のプライバシーに配慮したケアです。そのための環境であり空間なのです。

　誰にも邪魔されずに一人でいることができる空間の代表といえば個室ではないでしょうか。しかし、完全個室でなくても配慮次第ではある程度のプライバシーを確保できます。居室に洗面設備がなければ、各自の洗面用品を都度準備し、他の入居者への配慮もしながら一人ひとりの口腔ケアをしてはどうでしょうか。

　排泄介助においても同様です。他の入居者の誰にも知られずに排泄介助を受けられる安心感は得難いものがあるでしょう。職員の声かけや配慮・対応が行き届いていなければ、居室で介助を受けていてもつらいものがあるでしょう。個室であっても、どの居室のドアも常時開放しているようでは、プライバシー無視としかいえません。

　入浴も同様です。ユニットに個浴がなくても、いつもの職員とマンツーマンで入浴することはできます。人手がないからとの理由で流れ作業の入浴介助をしているとすれば、それは本当に省力になっているのでしょうか。大勢で一気に手分けすれば効率的なのでしょうか。マンツーマン入浴では手待ち時間はゼロです。流れ作業なら手待ち時間はゼロでしょうか。第一、ケアは効率を追い求めるものでしょうか。

　次に、居場所について考えましょう。10人前後が単位の生活とは、いつも仲良しというわけではありません。だからリビングのテーブルは分散配置するのです。一人で過ごしたい人には、居場所・コーナーを用意しましょう。認知症のある入居者で、自分の居場所を求めて歩き続けていた方に居場所を提供できたことで、落ち着いた暮らしができたという実践事例は数多くあります。

　入居者にとっての居場所は、家族にとっての居場所でもあります。家族が居づらいと家族の訪問も少なくなりがちです。職員と家族の信頼関係が築かれ、心と心でその人を支え合えれば、その人の暮らしを最後の日まで支援することができる心のエネルギーにもなります。

　さらに心得ておくこととして、居場所のしつらえがあります。幼稚園のようなしつらえをしてはいませんか？

　高齢になれば、特に認知症を患っていると、行動が子どもらしく感じるときがあります。しかし、老いて子どもに戻るという見方は間違っています。さまざまな苦労や悲しみ、幸せを経験し、それら

を乗り越えてこられた、人生の長いバックグラウンドをもっています。しつらえは入居者に対する私たちの理解の深さが反映されるものです。ひいては介護の質をも表すものです。

ポイント2　情報共有ツールとしての24Hシートの活用

「情報」という言葉を見るとき、筆者は情（なさけ）に報（むくいる）と読み、「情」すなわち人のやさしい心や思いに「報いる」ための大切なことがらと解釈するのが好きです。でも、情報の本来の意味は、情「ありさま・ようす」を報「しらせる」の字義です。したがって、知りえた様子やことがらを知らせて共有しなければ情報といえないのです。自分一人だけが知っていても、24時間一人で働き続けられないのですから、かならず仲間に知らせておくことが必要です。このとき伝えなければならないことがらが情報なのです。

　一人の暮らしを支えていくには、さまざまな種類の情報があります。情報の発信源は介護部門だけではありません。さまざまな職種・部門から発信されます。その情報が必要となる時間帯もさまざまです。

　ですから、情報は必要な時に必要なものを取り出せるように準備しておくと便利です。その方の生活場面ごとに、その方の意向・好みが分かり、自分でできることまでサポートしすぎないようにしながら具体的な支援内容が整頓されていれば、職員が異なっても同じ対応ができ、入居者に負担をかけずにすみます。

　このための情報をデータのようにさっと取り出せる道具が、24Hシートです。一言でいうなら、あなたの入居者への思いを形に表し、ケアに結びつける道具です。あなたの個別ケアへの思いと実力を「見える化」できる不思議な道具が24Hシートなのです。入居者の可能性やニーズを十分に知らずにケアをしていないか、職員同士で共有できているかについて振り返ることができます。

　24Hシート*を1ユニット分並べて一覧表にすれば、業務優先、日課の消化、職員ペースの介護になっていないかチェックができます。さらには、どの時間帯に介護や見守りの人手を厚くしなければならないのかがわかり、リスク管理や人員配置という経営課題解決

*24Hシートについて詳しく知るには、秋葉都子著『24Hシートの作り方・使い方』（中央法規出版、2013年）と日本ユニットケア推進センター監修『事例でわかる　24Hシート活用ガイドブック』（中央法規出版、2014年）がある。

のヒントになるかもしれません。

　なお、24Hシートは新人教育ツールにもなるでしょう。家族と24Hシートを共有することで、家族とのコミュニケーションツールにもなり、家族からの情報が得やすくなるかもしれません。家族からの信頼も高まるでしょう。このほかにも、ユニット間の急な応援や、ユニットミーティング中の留守番応援のように予定された時間帯での対応も安心して任すことができ、引き受ける側の精神的な負担軽減にもなるでしょう。

　情報は介護の場にとって、最も重要な資源だと言えます。情報が少ないということは、資源が少ないということです。石油・ガス・鉱物など天然資源に置き換えてみるとわかります。我が国のように天然資源の少ない国の苦労と、資源豊かな国を比べてみるとよいでしょう。資源すなわち情報が少なかったり、あっても偏っていたり、どこかにとどまっていたりするのでなく、あらゆる部署に行き渡っていることの重要性が理解できるでしょう。

　台風が多い年、蜂は河原に巣を作らず森や家の軒に巣を作る。雪の多い年、カマキリは下枝に産卵しない。こんな話を入居者から聞いたことがあります。蜂やカマキリには数か月先のことを予知できる能力があるのでしょう。でも、私たちには数分後に入居者が転倒することを予知する能力はありません。

　しかし、情報や経験をもとに、あらかじめ次に何が起きそうだという「予見」は可能でしょう。予見ができれば、「先回りのケア」も可能になるのではないでしょうか。そろそろ排泄の時間、目覚める時間が間もなく、目覚めてすぐにベッドから離れるなど、そのような情報があれば、次に起こることが予見でき、あらかじめの対応が可能になります。

ポイント3　体制の整備（少人数ケア体制）

　一つのユニットの定員数はおおむね10人以下と法令で定められており、ユニットとして暮らしを作る単位を「生活単位」といいます。この単位の入居者が落ち着いて生活でき、ローテーションを組むことができる職員の人数規模が「介護単位」となります。ユニットケアでは生活単位と介護単位を重ね合わせ、加えて職員を固定配

置する（所属を明確にする）ことで、いわゆる「なじみの関係」を築きながら、一人ひとりの個別性に合わせたケアができます。

　なお、介護単位は昼間と夜間では異なります。つまり、夜間・深夜では2ユニットが介護単位となり、2ユニットに一人以上の勤務者の配置が義務づけられています。昼間に比べ夜勤時間帯は、介護量が大幅に少なくなるのが一般的だからです（**図表1-1**参照）。

固定配置

　「固定配置」について説明したいと思います（**図表1-2**参照）。「固定」だから他のユニットへ応援に行ってはならないということではありません。介護の人材不足が社会問題となっている今日の状況下で、しかも収入に見合った人件費で経営しなければならない事情も

図表1-1　生活単位と介護単位の一致とは

図表1-2　固定配置（日本ユニットケア推進センターの考え方）

あります。ユニット間の応援なしでの運営はむずかしいでしょう。また、夜間は2ユニットに1人勤務ですから、他のユニットを知っておくことも意味があります。

そこで、日本ユニットケア推進センターでは、所属が決まっていることのメリットがなくならない範囲で、柔軟に対応できる幅をユニットリーダー研修実地研修施設の経験値から求めました。その結果、1か月のうち夜勤勤務を除いた勤務量の概ね7割以上を、配属された受け持ちユニットで勤務することとしています（ユニットリーダー研修実地研修施設チェックシートより）。

仮に、月21日勤務で1労働夜勤を4回すれば、残りは17日となり、この約3割の5日間、時間数にして約40時間は他のユニットの応援ができます。これは一人分の時間数ですから、1ユニット5人だとすれば、1か月あたり約200時間は他のユニットの応援ができるということになります。

ユニットごとの勤務表

介護単位と生活単位が一致している固定配置の状況を示すものが「ユニットごとの勤務表」です。小さい単位でいつもの職員がケアできることで、入居者一人ひとりの情報を細かく把握できます。一人当たりの情報量が増えることで、より個別の、より細やかなケアが可能になります。職員との信頼関係も増します。これらなじみの関係の効果を生むために、固定配置が前提の「ユニットごとの勤務表」は、ユニットケアを実践するうえで最も重要なものだといえます。

では、ユニットごとの勤務表は誰が組むのが一番よいでしょうか。正解は、ユニットのことを一番よく知っているユニットリーダーが組むべきです。

入居者の暮らしぶりを詳しく知れば知るほど、ユニットごとに個性や状況が異なることに気づきます。24Hシートの記述でも触れましたが、ユニットごとに介護ニーズの量や内容が見え、しかも時間帯ごとに異なることが分かります。さらにはユニットごとの行事などで人手が多く必要な日もあるでしょう。ユニットミーティングの勤務日調整や新人などへのOJTのスケジュール調整もあるでしょう。希望休日調整も柔軟性がほしいです。これらを踏まえた勤

図表1-3　生活を再構築・継続させるために必要な3つのポイント

ポイント1	安心して過ごせるための環境づくり	プライバシーに配慮したケアのために
		落ち着いた暮らしは居場所の確保から
		入居者の人格を尊重したしつらえ
ポイント2	情報共有ツールとしての24Hシートの活用	職員の思いをケアに結びつける道具
		職員本位のケアをしないための道具
		情報は介護の場にとって重要な資源
ポイント3	体制の整備 （少人数ケア体制）	固定配置を誤解しないで
		ケアの質はユニットごとの勤務表から （固定配置と権限委譲が前提の勤務表）

務シフトを組める人といえば、最も担当ユニットを把握しているユニットリーダーではないでしょうか。例えば、施設全体の勤務表を一人の上司（介護責任者など）が組むとなると、ユニットごとのニーズや状況に応じたきめ細かい勤務表が組めるでしょうか。それは大変な労力を伴ううえに限界もあるからです。

　さて、ユニットリーダーが勤務表を組む場合、何が必要なのでしょうか。

　毎日が平穏であるとは限りません。職員が欠勤するときもあれば、どうしてもシフトが組めない日もあるでしょう。そのようなとき、ユニットリーダー間で協力し合う合意ができていることが必要です。何よりも大切なことは、ユニットリーダーがユニット職員の勤務を組むことができるように権限が委譲されていなければなりません。

　図表1-3のとおり、本項では施設で入居者の生活を再構築・継続させるための3つのポイントをあげました。このほかにもポイントはあるでしょう。例えば、利用者ごとに受け持ち担当職員を決めることで、アセスメントやケアプランを立案する際にかかわる度合いを増し、より入居者の生活に即した、個別性の高いものが立案できることを期待した担当制です。看護職によるユニット担当制もあります。どれが重要で、どれが重要でないかを言い切ることは難しいほど、暮らしの場として入居者が中心のケアをしていくにはいずれも大切な要素です。

チームをどのように機能させるか

チームで総合力を高める

　施設は総合力を問われます。介護職がその人に寄り添うように心のこもったケアをしても、健康管理が十分でなかったり、健康管理に努めていても食事の栄養バランスが悪かったりしては論外です。暮らしの継続を念頭に頑張っていてもケアプランの視点が異なっていれば、何を目標にケアすればよいかがぼやけるでしょう。その結果、職員の間に溝ができてしまうこともあります。したがって、総合力を高めるために、施設のすべての職種がそれぞれのベストをつくして役割を果たさなければなりません。チームの力は低いレベルの人に合わせて低下してしまいます。それがチームの宿命であり原理だからです。

　なお、接遇面でも総合力は問われます。部署が違うからと他部署の入居者や家族に挨拶もできないようでは、社会人として問題です。入居者や家族は、○○部門の誰というより、施設の職員という見方をします。家族にとっては、全員が「施設の皆さん」です。一人ひとりが施設を代表しているのです。

　どの職場でも、一人で仕事をしている人はほとんどいないはずです。どこかに所属をしています。どんな仕事でもチームでしているのです。一人の力ではできないことができるから、チームで仕事をするのです。

チームケアが機能するための要素

　多職種という言葉の裏には「同職種」や「他職種」の概念があります。人は他の職種に対しては排他的に陥りやすく、同職種間では仲間意識が生まれ、排他性を助長することもあるでしょう。これでは少数派の職種はたまったものでなく、専門性という鎧で身を守るか、専門知識という武器で理論武装し、ともすれば攻撃に出る。こうなると、入居者はそっちのけで、チームケアもあったものではありません。結果、本章の冒頭に書いた専門性のあるべき姿とはほど遠いものになってしまいます。では、このようなことが起きないために

はどうすればよいのでしょうか。

　前述した生活を再構築・継続させるために必要なことを施設全体で取り組むことで、施設に協働意識が生まれます。さらに、「自分たちが目指しているケア」という目標が見えてきます。こうして、ゴールや目標を施設全体で共有することが多職種協働の第一番の要素です。

　次に大切な要素は、施設が帯びている「使命」とそこで働く全員が社会から「期待」されていることを認知することです。施設の社会的使命の共有です。この使命と期待を気づかせ導く役割を担うのが施設管理者ではないでしょうか。

　3つめの要素は「行動基準」「価値観」の共有です。何が正しくて何が正しくないのかということを、施設全体で理解し共有することです。ここでの理解の意味は、知識として知っているという「知」ではなく、実際に行動できる智慧を意味する「智」という漢字がふさわしいと思います。この「智」を修得するには、施設全体でのグループワークも効果的でしょう。

　2番目の要素である「使命」「期待」と3番目の要素である「行動基準」「価値観」を併せもつものが、法人や施設の「理念」ではないでしょうか。もしも、みなさんの施設の理念が2つを併せもった理念でない場合は介護方針でも構いません。要するに施設全体が一つになれる「精神」が必要なのです。しかも、間断なくその「精神」を組織全体に注ぎ込み続けることが重要です。

　施設管理者が率先して理念の浸透に努めることで、チームケアができる風土を醸成している施設があります。理念の勉強会を15年間継続して実施し、理念に沿ったルールを職員自らがつくり、それを冊子にまとめました。このようにして施設一丸となって「理念」を学び実践することで、多職種協働を当たり前のことにしているのです。

気づきときっかけ

　最後に、職場の皆さんと話し合ってほしい事例があります。なお、入居者の各種自立度や健康状態等は各自任意に設定してください。
　ある職員がこんなことを話していました。

「リビングのおこた（炬燵）で（入居者が）眠ってしまわれたとき、すぐに起きてもらい、パジャマに着替えてもらっていました。でも、自分の家でおばあちゃんがおこたで眠ってしまったとき、どうしていただろう。目が覚めたときかトイレに誘うときに着替えてもらえばいい。そう思ったとたん、今まで何をしていたのだろうと気づきました」

　さて、この職員に対して読者の皆さんはどうコメントしますか？何らかの注意をするなら、どのような指導をするでしょうか。あるいは、無条件に認めますか。この職員の考えを認めるとしても、背景としてどのような仕組みが必要でしょうか。また、他の職種の理解は得られるでしょうか。入居者との関係を「だらしない」とか「いいかげん」ではなく、「これしかない絶妙のバランス」に保つには、どうすればよいでしょうか。職場の仲間と話し合ってください。話し合うことで、自分の考えに気付き、相手をよく知るきっかけにもなります。そこが大切なのです。

　高齢者施設で働く私たちは、どのように進化することが入居者にとってベストなのか。どうすればできそうだというイメージが浮かんできたでしょうか。あなたならできます。入居者もそれを待っています。

第2章
各専門職の基本的な役割

1 介護職

理論編

はじめに

　ユニットケアが実践されている介護施設では、さまざまな資格と役割の職員（ボランティアを含む）が働いています。

　介護福祉士は、現場の介護職のなかで中核的な役割をもち、高齢者や障害のある人の自立支援や生活支援を担う国家資格の専門職です。現場では多様なサービスが必要とされており、時代とともに求められている介護サービスも変化しています。介護福祉士も常に自分の知識や技術を磨き向上させながら、国の制度改革などに合わせ、時代に合わせた進化をすることが求められています。

　介護の現場では、介護福祉士の他に、ホームヘルパー（現在の初任者研修修了者）、看護職、医師等がそれぞれの役割に応じて一体（多職種連携）となったチーム・ケアが実施されています。そういった意味では、資格のある人・ない人を含め、介護職はチーム・ケアの一員であり、そのなかでも介護福祉士は介護対象者の状態を評価（アセスメント）して、科学的な自立支援や生活支援を行う、介護のプロフェッショナルでもあります。

介護の基本的な要素

　介護職は、入居者の日々の暮らしを支えることが役割です。人として生きる尊厳を基本としながら、入居者一人ひとりの潜在的な能力や機能を引き出し、その人らしい生活ができるように、さまざまな支援を行います。

　介護職の専門性については、3つの基本的な要素があると言われています。

　第一は「気づく」ことです。サービスを利用している方の心身の状態から、どのような問題があるのかを気づくこと（アセスメン

ト）が大切です。

　第二は「力を引き出す」ことです。介護でサポートや介助をするだけでではなく、サービス対象者の残された力（残存能力）を活用して、自らできることを増やすのです。

　第三は「つなぐ」ことです。対象者の状態に応じて、看護職や医師等の医療関係者とも上手に調整（多職種連携のチームケア）を行うことが求められています。

チームで発揮される介護サービス

　ユニットケアが実践される特別養護老人ホームを例にして、介護職による介護のあり方について考えてみます。

　生活とは、24時間365日続いていくものです。そのため、入居者に提供されるサービスは、途切れることなく、一貫して提供される必要があります。また、入居者に求められるサービスのなかには、介護職による生活支援もあれば、福祉的な相談援助、さらには医療的な管理など、多様なサービスが必要となるケースも少なくありません。だからこそ、多職種で構成されたチームの連携が必要になります。

　単に、指示されたことをこなすだけの介護職にとっては、多職種連携は遠いものです。一方、目の前の入居者に注目し、その人にとって必要な介護が最善のものかどうかを問い、その人の自立支援を目指した援助を展開しようとする介護職は、いつも他職種との連携を視野に入れて働いています。

　他職種連携における介護職の強みは、入居者のふだんの生活状態を知っていること、つまり、1対1の個別の援助関係にあるということです。介護職は、その人の生活に直接かかわり、側面から支援していきます。ふだんの状態をよく知っているため、入居者の微妙な変化にも気がつきます。その気づきを誰かにつなぐことから、チームによる支援が始まります。

他職種との連携から考える介護職の専門性

　他職種と比較した場合、介護職の専門性とは何でしょうか。

介護職が行う生活支援とは、入居者がたとえ介護を要する状態になったとしても、暮らしの継続として納得できる水準の生活状態が確保され、生きる意欲が高められるべきものです。介護職が提供していかなければならないのは、そのための食事介助であり、清潔の保持に向けた介助などになります。

　人の生活、特に高齢者の生活というのは、生きてきた時間の積み重ねにより形成されたものです。入居者の一つひとつの動作から、その人の生活習慣を学び、生きる喜びや希望を見出し、生きる意欲を支援していく介護という仕事は、意義深く、価値がある仕事なのです。日常の一つひとつの生活行為のなかにある多様性を知り、一人ひとりの生活を組み立てていくことは、介護職以外の他職種が行うことはとても困難です。

介護職同士による連携の重要性

　介護職によるサービス提供場面の特徴の一つは、他職種と比べて、入居者との接触頻度が高く、かつ日常生活上のかかわりが求められるということです。したがって、24時間365日の介護サービスを利用していくなかで、入居者が不要なストレスを感じたり、不便を感じたりしないためにも、多職種だけではなく、介護職同士による連携の視点も重要な意味をもちます。

　専門的な介護サービスの提供に際しては、「何のために」「どのような方向性で」「何をしていくのか」について、介護職間でしっかりとした共通認識をもつことが大切です。

　介護職による専門的な介護とは、入居者の単なる手となり、足となって生活行為を代行していくことではありません。入居者の状態や意向を踏まえつつ、専門的な観点から適切な判断を行い、ときには介助し、ときには見守り、ときには必要な準備だけを行うといった形で、その人の生活を支援していきます。

介護とは意図的に行うもの

　介護とは意図的に行うものであり、場当たり的に行うものではありません。意図的に行う介護では、介護を行うまでのプロセスを科

学的思考に基づいて説明する必要があります。

　一つひとつの介護行為の背景には、知識や技術、倫理が統合化されており、根拠に基づいて行われる必要があります。今後は、介護の専門性がこれまで以上に求められるようになります。

　根拠に基づく介護を行うためにも、介護職は、入居者の暮らし全体をとらえ、本人の志向や価値を知り、生活課題（生活ニーズ）を明確にしたうえで、その課題を解決するために支援目標を設定します。その目標達成のために計画（個別援助計画）を立案します。そして、計画に沿って支援を実施し、その効果について評価します。

　このような「アセスメント→計画の立案→実施→評価」という介護過程の展開（**図表2-1**参照）を繰り返すことによって、客観的で科学的な根拠に基づいた介護の実践が可能になり、そうした実践の積み重ねが介護の専門性の確立へとつながっていくのです。

図表2-1　介護過程の展開イメージ

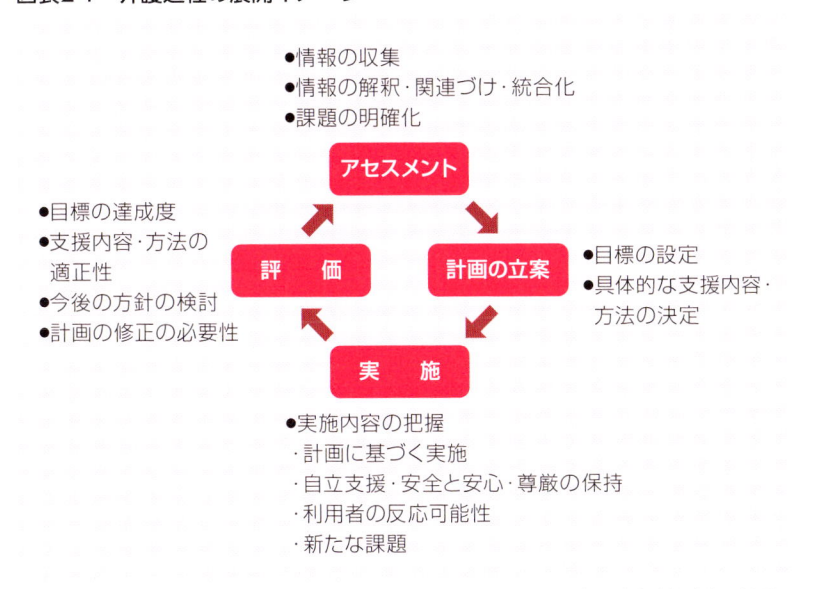

```
                ●情報の収集
                ●情報の解釈・関連づけ・統合化
                ●課題の明確化
                   ┌─────────┐
                   │アセスメント│
                   └─────────┘
                      ↗     ↘
●目標の達成度                    ●目標の設定
●支援内容・方法の  ┌────┐  ┌──────┐  ●具体的な支援内容・
  適正性          │評 価│  │計画の立案│    方法の決定
●今後の方針の検討 └────┘  └──────┘
●計画の修正の必要性   ↖     ↙
                   ┌─────┐
                   │実  施│
                   └─────┘
                ●実施内容の把握
                 ・計画に基づく実施
                 ・自立支援・安全と安心・尊厳の保持
                 ・利用者の反応可能性
                 ・新たな課題
```

出典：黒澤貞夫・石崎真二ほか編『介護職員初任者研修テキスト　第1巻』中央法規出版、89頁、2013年

2025年に向けた介護人材教育の動向

介護対象者の特性に合わせた介護過程を科学的に展開する教育

　現在の介護福祉士養成教育は、平成19年に大改正が行われ、在宅介護や認知症対応などの多様な介護サービスに対応できるようになりました。

> ①「人間と社会」人間の尊厳と自立、あるいはコミュニケーションの取り方などを含め、人・社会を基本的に理解する科目を学びます。
> ②「介護」介護の基本的な知識と技術を総合的に学びます。介護実習では、実際に介護現場に行き、450時間以上の実習経験を積み、評価を受けます。
> ③「こころとからだのしくみ」心身の発達と老化の理解、認知症や障害の理解、心と体の医学的な仕組みを学びます。
> ④「医療的ケア」喀痰吸引や経管栄養等の知識と技術を、講義・演習を通じて学びます。

　いずれの学習内容も、実践的で実習授業が中心になっているのが特徴です。特に介護対象者の特性に合わせた介護過程を、科学的に展開することを重要視しています。

　介護福祉士は国家資格の対人サービスを担う専門職です。人間の尊厳を基にして、個人の状態に応じた科学的な介護を行い、生きがいを支援し、人が人として生きる喜びを支える専門職なのです。

2025年に向けた国（厚生労働省）の介護人材・介護業界の構造転換の動向

　今後の介護職のあり方について、厚労省は福祉人材確保対策検討会「福祉人材確保対策検討会における議論の取りまとめ」（平成26年10月22日）をまとめ、その方向性を示しました。

　そこでは「基本的な考え方」として6つのテーマを上げています。

> 1　介護人材は、地域包括ケアシステムの構築に不可欠の社会基盤であり、その確保は最重要の課題。
> 2　今後、「量」と「質」の好循環の確立、すなわち、多くの人材が介護に従事し、切磋琢磨を通じて資質の向上が促され、社会的・経済的評価が高まり、介護という仕事の魅力がさらに高まる循環を生み出すことが重要。
> 3　また、生産年齢人口の減少や他業種への人材流出も懸念されるなか、将来の担い手たる若者や学生に「選ばれる業界」への転換を図るとともに、女性や高年齢者等の潜在的な労働力のさらなる活用が求められる。
> 4　介護人材確保については、賃金水準の問題のみならず、より総合的・中長期的な視点で取り組むことが肝要。このため、「参入促進」「資質の向上」「労働環境・処遇の改善」の視点からの対策を総合的に講じる必要がある。

5 特に、個別の地域や事業者のレベルでは、革新的な動きも見られ、それらの活動を横展開させていくことや、意欲的な取組が報われる業界にしていくことが重要。
6 これらの観点から、本検討会で議論を進めてきたが、今後の方向性として、以下の11の方向性に整理したもの。今後さらに具体化に向けた議論を進めることが必要。

● 11の方向性

- 参入促進として
    ① 3つの魅力～「深さ」と「楽しさ」と「広さ」～の発信
    ② 若者に選ばれる業界への転換
    ③ 女性や中高年齢層の参画
    ④ 他業界に負けない採用戦略
- 資質向上として
    ⑤ 多様な働き方や機能に応じたキャリアアップの実現
    ⑥ 介護福祉士の専門性と社会的評価の向上
    ⑦ 介護福祉士資格取得方法見直しに向けた取組
    ⑧ 小規模事業所の共同による人材育成支援
- 労働環境・処遇の改善として
    ⑨ マネジメント能力・人材育成力の向上
- 全体的な視点として
    ⑩ 学校・企業などあらゆる主体と連携する「場」の創設による地域ぐるみの人づくり
    ⑪ グランドデザインの構築

　以上のテーマや方向性の具体化に向け、社会保障審議会福祉部会等で議論を進めるとしています。ここでは特に介護職のキャリアパスの構築に向け「これまでの資格体系の構造化に向けた議論を発展させ、「機能」と「役割」の明確化を進めることが重要とされています。
　また、将来的には介護職を4層に機能分化して、介護福祉士を中心に専門性の高度化を促し、専門職としての役割の明確化を進めるとともに、2025年に向けた介護人材・介護業界の構造転換を行うとしています。

求められる総合的判断力とマネジメント能力

　専門職には、段階的な育成と適切な人材配置が求められます。キャリア段位制度や、認定介護士の創設など、いくつかの試みが進められていますが、まだ制度として確立されていません。ユニットケアを含め、施設介護では重介護になってきており、それに対応できる人材（メディカル・ケア）が必要とされています。
　もう一つの柱は、在宅ケアの充実です。地域包括ケアサービスをスムーズに運営できる

キーパーソンが求められています。ここでは利用者のアセスメントとエビデンスに基づいたケア技術と実践力に加えて、マネジメント能力とコミュニケーション能力が問われます。この両方を踏まえた人材育成が望まれているのです。

公益社団法人日本介護福祉士養成施設協会では、施設における医療的な重介護対応や地域包括ケアサービス等に、高度な実践力で対応できるキーパーソンとなれる管理能力の高い上位資格の介護福祉士を新たに養成し、「(仮称)管理介護福祉士」として認定する制度の構築を具体的に提案しています。

今後、ユニットケアを含め、施設勤務の介護福祉士は、介護の質の担保に努めるとともに医療的ケアの導入に対処し、医療に関する(高齢者特有の)知識を理解しなければなりません。施設は重介護中心になるので、当然、病気を併せもつ人たちは増加します。必然的に多職種協働になっていき、医師や看護職、理学療法士、作業療法士など、他の専門職とICFに基づいた共通言語でコミュニケーションができ、連携してケアを行える人材が必要になります。

介護現場では、対象者の心身のコンディションが日々変化します。介護職は対象者を観察し、自立支援の面から、日々の暮らしの変化を常に科学的に分析(アセスメント)し、対象者に最も有効なサービスとは何かを、常に考え対応していくことが求められます。

それに加えて介護福祉士は、常に自ら学ぶことにより専門性を向上させることも必要です。時代とともに、専門職に求められている介護サービスは変化しています。今日では、医療的ケア(喀痰吸引や経管栄養など)にも対処できるようにするなど、自らの専門性と実践力を生涯磨き続けることが大切なのです。

図表2-2　2025年に向けた介護人材・介護業界の構造転換（イメージ）

量的確保	A	参入促進	①「すそ野を広げる」	人材のすそ野の拡大を進め多様な人材の参入促進を図る	D 役割分担と連携
	B	労働環境・処遇の改善	②「長く続ける」	いったん介護の仕事についた者の定着促進を図る	
質的確保	C	資質の向上	③「道を作る」	意欲や能力に応じたキャリアパスを構築する	
			④「山を高くする」	専門性の明確化・高度化で、継続的な質の向上を促す	
			⑤「役割を分ける」	限られた人材を有効活用するため機能分化を進める	

出典：厚生労働省　社会・援護局

ぺあれんとにおける介護職の役割

実践編

介護老人保健施設
ぺあれんと

ぺあれんとは介護老人保健施設（以下、老健とします）で、医療、看護、介護、リハビリテーションなどさまざまな専門職がチームで連携して支援を行う施設です。

入居部門では、『尊厳の保障』『自分らしく潤いある生活』『地域コミュニティ施設』の施設理念のもと、ユニット型施設として、7つのユニットそれぞれに介護職・看護職を固定配置し、なじみの関係と家庭的な環境のなかで個別に暮らしの支援を行っています。ぺあれんとの職務規定では、介護職は『①自立支援、②入居者の暮らしの安定のために必要な介護』をする、としています。入居者の24時間365日連続する暮らしの支援を直接的に行う、施設のなかでも最も入居者に近い存在で、最も多くの情報を持って、入居者を理解する立場です。その役割は大変重要であり、入居者を支援するチームの主役として位置づけしています。

入居者を支える支援

ぺあれんとにおける介護職の役割は多種多様ですが、大きく分けると3つ挙げられます（**図表2-3**参照）。

図表2-3　ぺあれんとにおける介護職の役割

1　入居者の暮らしの支援
2　入居者の自立支援
3　入居者のケアチームの一員として多職種との連携

1つは、当然ながら入居者の「暮らしの支援」です。しかし、単なる生活行為を手助けすることではありません。各ユニットにはおよそ15名程度の入居者がいますが、人それぞれ、健康状態や今までの生活歴などさまざまな背景から、心身の状況や暮らしぶり、支援の必要な時間や行為が異なっています。起床という1日の始まりの場面から異なり、目覚める時間、起き上がる時間、起きて一番にすることなど、人それぞれです。それらを把握したうえで、職員主体の業務ではない、入居者一人ひとりに合わせた暮らしの支援をす

ることが介護職の役割です。

　そして、2つ目は「自立支援」です。介護職は入居者一人ひとりの暮らしに沿って、どんなことが好きで、どんな声かけをしたら安心できるかなど、細やかな情報を知っています。その情報をもとに働きかけることで、例えば、日頃居室に閉じこもりがちの入居者が、「あんたが一緒なら、昔やっていた生け花をやってみようか」とその気になったり、何でも「手伝ってくれ」と言っていた入居者が、できるところまで自分で頑張ったり、入居者の暮らしに変化がみられることがあります。このように、馴染のあるかかわりのなかから、入居者の意欲や希望を引き出しながら、「自立」という視点から自律した暮らしの支援をすることも、介護職の重要な役割となっています。

　3つ目は、入居者のケアチームの一員として「他職種と連携」することです。ケアプランを中心にして、多職種が担当チームをつくり、ミニカンファレンスやカンファレンスで情報共有し、入居者のニーズに沿った支援を目指しています。介護職は、話し合いの場において、入居者の暮らしを中心とした情報を的確に伝え、他の職種からの専門的な情報を得て、入居者の全体像を把握し、アセスメントしながら支援に携わるという役割を担っています。

介護職に求められるスキルと視点

　介護職は、当然、食事や入浴・排泄などの生活動作の介護技術や知識を持っていることが大前提です。ぺあれんとでは、介護もきちんとした学問の上に成り立つと考え、専門職としての研鑽を基本方針とし、法人内の学会にて研究発表を行ったり、委員会による内部研修会を年間計画に組み込んでいます。

　しかし、先に述べたように、介護職の役割はただ生活行為をサポートするのではなく、一人ひとりに合わせた暮らしの支援をすることです。そのためには、支援する対象である入居者を、それぞれに違う「暮らし」を営んできた「個の人」としてとらえることが求められます。しかし、実際は限られた人員と時間のなかで、どうしても目の前の業務に追われがちです。そうならないためには、入居者一人ひとりのことをよく知る必要があります。

24Hシートを活用した支援

　ぺあれんとでは、「24Hシート」で情報をまとめ、入居者の暮らしを把握し、「個」「暮らし」という視点がぶれないことを大切にしています。ここで必要とされる介護職のスキルは、自分たちの持っている情報を言語化、記録することです。

　次に必要なスキルは、日々の暮らしのなかでアセスメントしながら支援することです。例えば、普段入居者と接するなかで、入居者の些細な言動や表情の違い、食事や排泄、睡眠状況などの変化などに気づき、それが入居者にとって良いか悪いかを判断できることが必要です。

　そして、記録やデータを基にして、必要な時にはバイタルサインチェックなども行いながら、看護職に報告すべきかどうか、的確な判断力が求められます。

　さらに、認知症ケアにおいても24Hシートの情報などから予測しながら、混乱を予防する先取りの働きかけをしたり、所在不明などの危険性が高まる前に、他の専門職に協力要請をしたりすることも重要です。

「自立支援」の視点

　また、「自立支援」を踏まえた支援をするために、リハビリ職と連携し、ICFの視点から「できる能力」「している能力」の情報を共有し、生活場面でも「できる能力」を最大限に活かして、その人らしい暮らしの実現のための支援を行っています。しかし、いくら「できる能力」があるからと言っても、本人の意思が伴わない限りは発揮できません。介護職は、他の専門職に比べ、より身近に入居者にかかわっているという強みを生かし、その日の健康状態や想いなど入居者の変化に合わせながら、「意欲」を引き出す能力も必要とされています。

多職種との連携で必要なスキル

　施設における介護職の役割には、多職種との「連携」が欠かせません。「連携」を円滑に進めるために介護職に必要なスキルは、会議においては、「暮らしの専門職」としての視点で他職種と対等に意見交換できることです。日々の観察や記録から24Hシートで暮ら

の情報をまとめ、言語化した上での情報伝達力も問われます。

　また、他の専門職からの情報を得るためには、相手が教えてくれるのを待っているだけではいけません。自ら情報を得るために、接遇力を磨くことが必要です。担当専門職に直接声をかけ、他職種がユニットに足を運びやすい関係性をつくり、日頃から自然に情報交換できる環境にしていきます。

　チームの連携のもとで支援することにより、入居者にかかわる際の判断基準が介護職の主観だけにならないようになります。24Hシートを活用しながら、他職種の専門的な視点も踏まえて総合的に判断することが重要です。

　以上のように、介護職に求められるスキルは幅広くあり、完璧に実践することは難しいことです。社会的にも看護職やリハビリ職、管理栄養士などのように明確な専門性が認識されていない介護職にとって、こういったスキルを向上させて「暮らし」の専門職としての質を上げていくことも重要な任務といえます。

介護職ゆえに陥りやすい落とし穴

　介護職の強みは入居者を一番よく知っていることですが、それがかえって落とし穴になることもあります。例えば、入居者との距離が縮まれば縮まるほど、支援関係の枠を超えて、言葉づかいが馴れ合いになったり、感情的になって厳しい言葉や態度で接してしまうことです。この点に留意して、ぺあれんとでは毎日行う接遇トレーニングで、ロールプレイングなどで意識づけをし、馴れ合いによる不適切な支援関係となってしまうことを防ぐようにしています。

　また、もう一つの落とし穴は、ユニットという小さな単位で運営しているために、介護職だけの偏った視点になりがちなことです。一度ユニット職員間で同調してしまうと、方向性が間違っていても気づきにくく、修正が難しいことがあります。

　実際に、起床ケアにおいて「入居者に合わせる」と称して、自分から起きない入居者に、毎日昼過ぎまで寝てもらうことを当たり前にしていた事例がありました。その結果、入居者は昼夜逆転、ADL低下という悪循環に陥ってしまいました。ところがある時、学生がリハビリ実習で介入した際に、朝9時頃には覚醒して元気にごはん

を食べたり、これまでにはなかった会話や笑顔を見せる入居者の姿がありました。恥ずかしながら、他の職種の介入があったことで、介護職の「眠そうで可哀想だから」という安易な対応により、結局寝かせきりにしていたことに気づかされたのでした。

　そのような状態に陥らないためには、多職種間の風通しをよくし、介護職の視野を広げる仕組みが必要です。ぺあれんとでは施設理念に基づいて、各職種の位置づけを明確にしたうえで、カンファレンスをはじめとして、各種委員会や会議、施設内研修、施設行事等をとおして、常に多職種が交わる機会をもち、「多職種協働」の基盤を整えておくことを大切にしています。

2 看護職

理論編

施設における看護職の基本的な役割

　施設に入居する高齢者の多くは、老年期以前に発症した複数の生活習慣病（慢性疾患）や障害を有し、内服薬などの治療を継続しているものの病状が安定しています。しかし、老性変化（加齢に伴う生理的変化）による心身の機能低下から、①自立性が低下し、他者の援助なしには日常生活を送ることができませんし、②適応力・防衛力・予備力・回復力が低下し、ちょっとしたことで既存疾患の病状悪化や新たな疾患・障害を生じやすく、死の転帰をとることも少なくないといえます。

　特に、近年は医療施設における入院期間が短縮化されています。継続して医療的処置が必要な入居者の増加や高齢化の進行に伴い、認知機能の低下（認知症）や生活機能の低下など、重度化した入居高齢者が増加しております。また一方、高齢者は、個々特有の長い人生経験を通じて培ってきた価値観、生活習慣やパターン、生き方などを有し、それゆえ、そのあり方は独自であり、極めて個別的であるといえます。

　したがって、施設ケアにおいては、このような入居者の特性を踏まえ、入居者個々がこれまでの暮らしを継続できるよう、また、各々の施設の理念にのっとって日々のケアに具現化していくことが求められます。

医療施設と高齢者施設の違い

　医療施設における看護は、疾病・障害・病状の診断のための診察・検査時の援助、また、診断に基づく疾病・障害・病状の治癒・緩和を図るための治療（薬物・手術・放射線・化学・理学・安静・食事・運動・牽引など療法）に伴う診療補助と療養上の援助が中心となります。換言すれば、医療ニーズ中心の看護といえます。

図表2-4　施設に入居する高齢者のケアの目的・目標

目的：高齢者個々の日々の健康的生活を支え、最期の時までその人らしく生きることを支える

目標：1. 基礎疾患の安定化、老性変化の遅延化・影響の最小化、新たな疾患の予防
2. 生活機能の低下・障害とその影響の広がりの予防と早期対処
3. 心身機能の活性化による自律性・自立性維持・向上
4. 人生（自我）統合への支援
5. 最期の看取りを含む人生終末期の看護
6. 家族機能の維持・回復（家族への支援）

　健康のレベルの観点からいうと、健康期・健康危険期・急性期・慢性期・回復期・終末期にある患者の看護であり、健康の維持・増進への看護、生活の再編成・再構築への看護および死が避けられない患者への終末期ケアということもできます。

　一方、高齢者施設における看護は、高齢者の日々の暮らしにおける健康的生活を支援する看護であり、生活ニーズ中心の看護といえます。高齢者は老性変化や疾病・障害から生活機能が低下・障害（自立性が低下）して、他者の援助なしには生活を送ることができません。したがって、高齢者がそれまでの暮らしを継続し、自律し依存しつつ、人生の最後までその人らしく生ききることができるよう支える看護といえます。

施設ケアの目的と看護の視点

　看護の視点から施設ケアの目的・目標を挙げると、**図表2-4**のとおりとなります。しかし、これらは配置数の少ない看護職のみで達成することはできません。施設長をはじめ、（嘱託）医師、ケアマネジャー、生活相談員、栄養士、介護職などの施設職員、家族や協力病院の職員と連携・協働して取り組んでこそ達成可能になります。とりわけ常勤医のいない特別養護老人ホームおいては、看護職が唯一の医療職としての役割発揮が求められています。

　特に、「入退居時や日々の生活において、高齢者の健康状態やリスクのアセスメントに基づく医療的対応やケアの必要性と方法の判断」「個々のあり方を重視しつつ、予防的援助と生活ニーズを優先した援助」「緊急時における的確なアセスメントに基づく対応」「終

末期における日常生活の援助の延長線上としての看取り」などでは、看護職が指南役として家族や他職種を支援するとともに連携・協働することが求められます。

看護職の役割を果たすために必要なこと ●●●

　高齢者施設は診断・治療を目的とする医療施設とは異なり、入居者の「自宅ではない在宅」「生活（暮らし）の場」としての機能があります。看護職は自施設の設置主体、法的位置づけ、設置基準と入居者の条件、施設の理念・方針・目的・目標、ケアの提供体制、とりわけ、高齢者ケア施設に看護職が配置されていることの意味・意義、果たすべき役割を十分理解しておくことが必要です。

　看護職は施設に入居する老年期の人々とそのケアについて、以下の知識・技術が求められます。

老年期の人々に生じやすい病理的状態と看護援助

①老年病（老年症候群）の特徴、老年期に生じやすい病理的状態とその診断検査・治療・看護

　高齢者に生じやすい疾患、例えば、認知症、脳血管障害、パーキンソン病、がん（肺がん、胃がん、大腸がんなど）、高血圧、心不全、慢性閉塞性肺疾患、誤嚥性肺炎、糖尿病、大腿骨頚部骨折などの病態生理と症状、主な検査と治療、一般的な経過と予後、看護援助の方法。なお、薬物療法は、薬剤の主・副作用と与薬上の留意点、特に複数疾患を有する場合に多剤併用の場合が多いことから、薬物相互作用による有害事象と必要な対応。

②老年期に生じやすい病状と看護援助

　起立・歩行障害、感覚機能障害、摂食・嚥下障害、脱水、低栄養、皮膚掻痒症、痛み、褥瘡、尿失禁、便秘と下痢、不眠、うつ、寝たきり、せん妄、転倒、感染症などの病態生理学的特徴と生活への影響、予防と発生時の看護援助の方法。

③老年期における生活機能のアセスメントと看護援助

　呼吸・循環・栄養・排泄・身体運動・睡眠・調節（体温・体液など）・粘膜・皮膚・言語や防衛の機能・性などに関する高齢者の特徴と低下・悪化の影響要因、ならびにこれらに対するケアの必要性

を診断するために必要な情報とアセスメント、ケアの目標・計画・実施・評価の方法。

④終末期の入居者とその家族へのケア

看護職は、入居者や家族だけでなく、初めて看取る介護職の不安や恐怖に対しても理解を示し、直接的・間接的対応が必要です。

〈生死観〉 人間にとっての生とは、死とは

〈終末期における延命治療の意味〉 高齢者にとっての延命治療のデメリットと安らかな死の実現のために自然死を志向することの意味・意義

〈終末期の診断時〉 入居者・家族への看取りにかかわるインフォームド・コンセントの重要性と方法および時期、終末期の徴候と判断方法

〈終末期～死亡〉 入居者の身体反応のプロセス、ケアカンファレンスの必要性と方法、日常生活介護の重要性と方法、家族への支援方法、変化・動揺する家族の反応の意味と支援方法、他の入居者への対応の重要性と方法

〈看取り後〉 家族への支援の重要性と方法、エンゼルケアの目的・方法、お別れやお見送りの重要性と方法、振り返りカンファレンスの重要性と方法

他職種との連携に必要な知識と技術

(1) 学習理論に関する基礎的知識・技術

施設で唯一の医療職である看護の専門職者として、上記の医学的・看護学的な知識・技術について、家族や施設職員への教育・研修を企画・運営し、評価できるために学習の目標の設定や教授内容・方法・評価に関する方法の理解が必要です。

(2) 対人関係に関する知識と技術

入居者とその家族、施設内外の職員と良好な人間関係を構築できることが必要であり、とりわけ効果的なコミュニケーション技術の修得は欠かすことができない基礎的な技術です。良好な関係構築ができてこそ、自施設の理念を達成するための適切な取り組みが可能となります。

(3) 看護過程展開の知識と技術

　個別的なケアを実現するために、看護の視点から「必要な情報収集」「看護ケアが必要な状態の診断」「目標設定」「計画立案」「実施」「評価」ができることは、入居者とその家族、他職種に看護の専門性を示す上で重要になります。施設において、入居者のケアプランは最終的にケアマネジャーが文書化することになっていますが、看護の専門職者として、看護の視点から発信することが重要です。

(4) 看護ケアに関する知識・技術

　現在の高齢者に適用されているケア技術の多くは、成人を対象としたものが基盤になっています。高齢者の特性を踏まえたエビデンスに基づくケア技術は開発段階にあるといえます。開発された新たなケア技術を学習して適用するとともに、エビデンスに基づくケア技術を実践現場からも発信していくための、経験知を含む研究的取り組みが必要です。

(5) 記録・報告・連絡・相談のあり方の知識・技術

　施設で暮らす入居者（家族）に対して24時間365日、切れ目のないケアを継続することが求められます。このためチームで展開されるケアについて、誰が担っても同様で統一していることが必要です。これを可能にするのが記録・報告・連絡・相談です。いたずらに医学的な専門用語ではなく、誰もが共通して理解できる用語を使用し、いつでも確認できる記録システム、もれのない報告・連絡のあり方を職員間で検討し、周知徹底を図ることが求められます。

(6) 看護専門職として自律性・責任性を発揮するために

①看護専門職としての「使命感」のもと、責任をもって担当する入居者と家族のプライマリ（第1の）ナースとして、その役割を発揮すること

②高齢者観や高齢者ケア観を深化・拡大できるよう自己研鑽すること

③高齢者ケアにおける倫理的感受性を鈍らせることなく、立ち止まって自己のケアを振り返り点検すること

④自施設の理念の達成に向けた、よりよいケアへの志向性をもち続

け、自施設のケア上の課題分析に基づく改善を行うこと
⑤定期的に改正される高齢者の保健・医療・福祉制度を理解し、ケアの受け手である入居者と家族、ケア提供者である自分を含む施設職員の影響を吟味し、より適切な対応を検討し、発信すること。

まとめ

　ケア施設の看護職には、複雑で多様な状態を呈する高齢者の包括的アセスメントと高度な看護実践能力が求められます。言い換えますと、ケア施設は、高齢者看護の専門性や看護の独自性が発揮できる場ともいえます。

　少子超高齢化社会を迎えるわが国において、ケア施設の看護職は、入居者とその家族、施設内外の他職種にとって、なくてはならない存在です。よって、看護職はケアの場における高齢者看護の先導的役割を担う存在として期待されていることを自覚し、研鑽し続けることが必要と考えます。

晃の園の看護職の役割

実践編

特別養護老人ホーム
晃の園

　特別養護老人ホーム晃の園は、改修工事をした従来型と増築した個室型があり、定員170名です。看護職の役割を一言で表現すると、『入居から最後の日までの日常を支える』ところにあります。看護職の専門性である医療的な視点を、入居者の日々の暮らしに応用していく看護を行っています。

　晃の園では、入居者のこれまでの生き方、暮らし方に目を向けることを大事にしています。生活ニーズは、入居者の「その人らしさ」を表現した暮らし方だと考えています。病気や処置や薬のときだけ看護職が登場するのではなく、暮らしの相談にも呼んでもらえるように、その人らしく暮らすための医療ニーズの判断を大事にしています。

よき相談役となる

　看護職の印象を、とっつきにくい、怒られそう、口調がきつい、

怖いなど他の職種に思われてしまうことはチーム力の損失です。「いつでも、相談にきてね」という雰囲気で、看護室の扉を少し開けておきます。看護職に相談するほどではない些細なことが、介護職のケアの抱え込みの原因になりがちですが、扉を開けておくことで気軽に相談しやすくなり、抱え込みが解消されていきます。連携の基礎となるコミュニケーションを円滑にするうえで、他者に与える自分の言動やくせなどを自己覚知する必要があります。

医師に入居者の暮らしを伝える

　生活ニーズの視点があまりわかっていない医師には、看護職が暮らしの様子を伝えます。例えば入居者が、「生活リズムの変化により起床も遅く、朝の内服に支障がある」場合には、医師に求めることを看護職が伝えて暮らしづくりを支援します。そして、医師の協力を得て、一日3回の内服を2回に変更したときには、その結果も医師にフィードバックします。朝の内服を気にすることなく自分のペースで起きるようになってから、午前中は機嫌がよく、お昼の食事もちゃんと食べるようになったことなどです。

　入居者の暮らしが整ったことを医師が聞くことにより、施設が暮らしの場であることを理解するきっかけとなります。医師の指示だから仕方がないと考えるのではなく、医師に協力して欲しいことを提案し続けることが重要な役割となります。

看護職の判断だけではなく総合的な判断を調整

　入院治療や胃ろう、鼻腔栄養など、家族も気持ちが揺らぎ、決断に迷うことがあります。家族が医師の説明を受けた場合には、必ず多職種と一緒に家族と話す場を設けています。「先生のお話で解りにくいことはありませんでしたか」「どのように思われましたか」などを聞き、家族の気持ちの整理や不安などを多職種間で共有します。医療依存度が高い場合には、看護職が主導でなければならないと思いがちですが、医療面の専門者として調整役を担うことで、看護職の医療の抱え込みや、精神的負担の軽減につなげています。

早期発見と予防

　疾病の早期発見や悪化の予防は、気づきやセンサーの役目を担う

介護職と、適切に調整する看護職の連携があってこそできるものです。そのために、バイタルチェックは本人の食欲や機嫌、歩行のペース、表情、しぐさ、いつもできる着替えがちゃんとできない、おしゃべりが少ないなど、生活行為をみることが重要です。高齢者は疾病に特有な症状が現れにくく、特有な症状がないからといって安心はできません。血圧、体温等のデータと同時に、『いつもとの違い』をみることがポイントです。観察のポイントなどは24Hシートに記載しています。

健康管理

　特別養護老人ホームは病院と異なり、医師が常駐していることはなく、不在に近い状態です。看護職は入居者の健康管理全般について大きな役割を占めています。毎日接している介護職は、入居者のいつもの変化に最も早く気づくことができます。「何となく…いつもと違う気がする」と、看護職に報告してくれます。介護職も看護職も毎日接している勘がとても頼りになります。介護職と二人三脚で行う健康管理です。したがって、バイタルにいつもと異なる様子がみられた時には、介護職が随時測定します。晃の園では**図表2-5**のようにルールを設定しています。

　また、医療機関へ同行などする場合は、**図表2-6**のように連携しています。

図表2-5　バイタルチェックのルール化（晃の園の場合）

- **新入居時は1週間測定**
  測定時間は決めずに午前か午後とし、入居者が落ち着いている頃に介護職が測定する。本人の通常のバイタルを把握することにより、いつもの違いがどの程度なのか、身体の変化を判断するデータとなる。

  「血圧150〜124(収縮期血圧)／80〜64mmHg(拡張期血圧)　体温36.0〜36.5　脈68〜79」と、通常値の変化の幅が解るようにして、24Hシートに記載する。

- **入浴日に測定**
- **看護職から測定の依頼があるとき**
  内服薬の変更、体調の変化、ADLが大きく変化などがある場合に依頼

図表2-6　医療機関との連携のポイント

①受診時の看護職の付き添いは必要時のみ
生活相談員やユニット職員が対応可能であれば看護職は同行せず、必要に応じて看護職のコメントを持参する。看護職でないと伝えられないことがある場合に同行する。

②受診時は医師にバイタル以外の日常の変化も伝える
特に入院先では、生活記録をコピーして必要な記録箇所はマーキングして医師に渡す。生活行為の些細な変化や気づきの記録も伝えることにより、医師の入居者理解につながる。

③あらかじめ医師と取り決めする
外来などで医師がいない場合や連絡がすぐに取れない場合など、対応が遅くなることで治療の遅れを回避するため、例えば、膀胱炎が疑われる際は検尿、CRP（C反応性たんぱくの検査）、採血一般など、看護職が判断して対応できるようする。

感染対策

①平常時の予防

晃の園では、環境の衛生管理としてコンタクトポイント*清掃を実施しています。居室、食堂、リビング、ユニットの廊下部分などの手が多く触れるところで、例えば、冷蔵庫の取っ手、パソコンのマウス、受話器、手すり、ドアノブ、トイレのペーパーホルダーの蓋部分などです。手が触る箇所は、菌の付着や汚れが付きやすいので、コンタクトポイント清掃としています。現在は、ハイブロックスアクセル（高レベル除菌洗剤）を薄めて霧吹き容器に入れ、食堂およびキッチン用、トイレ用など複数用意し、クロスの色も変えて、いつでも気がついたときに清掃します。また、手順書は職員をモデルにして、写真でわかりやすく作成してあります。日常の清掃の仕方を見直すだけで、かなり予防対策が可能となりました。

②感染拡大の防止

看護職が感染源にならないことが重要です。ノロウイルス等の感染性胃腸炎で、嘔吐があると看護職が呼ばれますが、居室で誤嚥や嘔吐状況を確認した後に、介護職に着替えや口腔内ケアを依頼してそのまま部屋から出ると、看護職が感染の媒体となる可能性が高くなります。呼ばれた時の初期行動や、介護職と一緒にケアする場合など、看護職の対応手順も共有しています。

インフルエンザ発症時も、看護職が発症者の居室に伺う回数を最小限にするためには、介護職が看護職に必要な報告ができるように、

*コンタクトポイントとは、不特定多数の手指が頻繁に触れ、交差汚染が考えられる箇所のこと

看護職が欲しい情報、してほしいケアなどを介護職に伝えています。感染予防時のガウン、マスクなどの用品は、セットにしてユニットで保管しています。

終末期を支える

　入居日は、入居者の最後を支えるスタート地点です。「何とか食べられるようになってほしい」「体力的に難しいが、連れて行きたい所がある」など、家族の要望を聞くことがあります。家族には、入居された日は最後を支えるスタート地点であるということを、繰り返し伝えています。特に、医療依存度のある方の生活ニーズを支えていくためには、担当者会議の場だけではなく、世間話を利用してさりげなく気持ちを聴くこともあります。

　また、看護職は遺体の状況を振り返ります。やせこけて褥瘡が発生し、痛々しい状態をできるだけ回避する看護を提供するために、施設での点滴、酸素吸入の対応などを話し合い、方針を見直します。

看護職に求められるスキルと視点

　介護職が混乱しないように看護チームとして行動します。介護職には看護チームとしての、合意したケアの方法を伝えていくことが必須となります。看護職によって言うことが違えば介護職は混乱します。このような混乱を避けて、介護職と効果的に連携していくために、24Hシートに実施する根拠を記入しています。

介護職に必要な知識や技術を解りやすく伝える

　指導目線に立たないで、必要な知識や技術、根拠を伝えていきます。介護職は、対応方法は知っていても、「なぜそうするのか」など根拠を十分に教えられていないこともあります。また、介護職は暮らしの場に最も近いので、入居者の変化にいち早く気づきますが、「食べがよくない、飲み込みがよくない、何だかおかしい」など曖昧な伝え方をすることがよくあります。

　こんな時に、看護職が「何がどうおかしいのよ」と言ったところで解決しません。口頭だけではなく看護職も一緒に介助や援助を行いながら、アセスメントの視点や観察のポイント、看護職へ報告す

るポイントなどを、わかりやすく伝えるようにしています。さらに、これらを24Hシートにも記載することで、早期発見や持病の悪化防止、感染予防などすべてに効果的です。

看護職としての観察と評価をもつ

　看護職が食事、入浴、排泄などの介助している姿は、介護職と見た目は同じようですが、看護職としての観察力をもって介助することが、看護職の役割の迷いや喪失感を払拭していきます。

　介護職と同じことをしていると思うから、介助は看護職としての仕事ではないように思うのです。介助しながら、看護職の視点だけが押し付けられていないかどうか、個々の入居者の暮らしにあっているかどうか確認もできます。看護職が、暮らしの場に距離をおかないように意識することは連携の要でもあります。

専門職ゆえに陥りやすい落とし穴

介護職に指示をしない

　筆者は医師から指示され、看護補助者への指示する環境にいたせいか、介護職に当たり前のように指示をしていました。職種は対等で、役割の異なるチームの協力と連携をきっちり認識するために、指示という言葉を削除し、記録には「〜を依頼する」と記載しています。

入居者の状態を医学的な見解のみで判断しやすい

　医学的には正しい判断や情報も、行きつくところは個別の入居者に向けた対応です。例えば、水分の摂取量、尿量、血液検査値など、医学的な基準値や必要量に近づけようとすると無理が生じます。基準値や必要量のチェックだけが先行されると、個別の対応を見失い、暮らしの支援が置きざりになります。基準値や必要量の考え方を踏まえつつ、その人の暮らしに応用していくのですが、看護職間で最も見解がばらつく部分です。看護職は入居者の生活ニーズを受けとめながらも、医療との板挟みに悩むこともあります。このようなときには看護チームとして、どのように考えていくか落としどころを話し合います。ときには、看護職だけではなく施設全体で検討する

こともあります。

まとめ

　筆者は看護職として一貫して「病とともに暮らす人」を見つめてきました。看護職は施設を住まいとしてとらえ、「入居者の暮らし」に思いを馳せることが看護の第1歩だと思います。

3 リハビリ職

実践編

特別養護老人ホーム
ちょうふ花園

施設におけるリハビリ職の基本的な役割

　リハビリテーション（以下、リハビリとします）の理念は、全人間的復権です。つまり、障害を抱えた高齢者の尊厳を保障するために、当事者の自己選択・主体的な決定ができる生き方を支援することになります。ですから特別養護老人ホーム（以下、特養とします）に暮らす高齢者の自律（自らを律する）を支えるために、日常の暮らし方としての自立支援を実践します。

　具体的には、日々の暮らしで必要となる、人それぞれの日常生活動作を分析し、持っている能力を活用していきます。過剰な介護をせずに、時間がかかっても当事者自らができることを実施してもらいます。

「医療から施設へ」という流れのなかでできること

　超高齢化社会の進行にともない、医療や高齢者施設の役割は大きく変化しています。医療施設でも入院加療に消極的になる時代となり、特養は早期退院の受け皿となることが求められています*。

　したがって、骨折をしても手術が必要ない場合には、外来での通院治療となることが多くなります。手術を施行した場合も抜糸後、すぐに施設に帰ってくる事例も当たり前のようになっています。

　ちょうふ花園でも、90歳近い女性入居者で同様の事例がありました。大腿骨頸部外側骨折後、手術を施行して1週間後に抜糸をし、翌日に施設に戻ってきました。痛みもまだある状態だったので、立ち上がり、歩行するどころか、寝返りや起き上がることもできませんでした。ましてや職員が介助しようとすると、反り返るように背中の筋肉に力を入れ、まるで引っ張り合いをするような状態となり、介助量が増えていました。

　そこで、この入居者の「現在の能力や介助の方法、どの程度まで

*医療保険の動向においても、平均在院日数の短縮が求められています

回復して、どこまでお手伝いをする必要があるのか」を評価することになりました。筆者は理学療法士として、痛みを出さずリラクゼーションを図れる方法を探しながら、端座位および一部介助での立ち上がりと立位保持までは可能であることを確認しました。そして介護職に、リスク予防を想定したうえで、できる能力を最大限活用する方法での介助の方法と生活リハビリとして、車いすに移乗する際に5秒ほど立位保持を求めることから始めました。

　同時に、入居者の予後予測（3か月後には車いすやトイレ移乗が自立して、6か月ぐらいでは最低でも歩行器での見守り歩行が可能になるであろうこと）も伝えています。実際に6か月以上経過した時点で、歩行器での歩行が可能となり、見守りでの杖歩行を実施しています。

　このように施設内のリハビリ専門家の知識、技術を利用することで、今まで医療に頼り切っていたことが、特養においても実践できるのではないかと考えています。

ちょうふ花園におけるリハビリ職の役割

　ちょうふ花園では、リハビリの一般的なイメージである機能訓練をあまり積極的には実施していません。なぜなら特養は、暮らしの継続を実践する住まいであって、医療機関ではないからです。ですから生活リハビリに重点をおいており、1日の暮らしのなかで、できる能力を活用して、入居者のニーズに即した自立支援を行っています。そして、あえて加算（個別機能訓練加算）を取得するための機能訓練指導員を配置しない運営をしています。

　加算を請求するためには、専従の常勤職員が必要ですが、残念ながら今の加算分の収入では、リハビリ専門職を採用する費用の捻出は困難です。そこで、理学療法士である施設管理者を、アセスメントの部分で現場の介護職に活用する体制をとっています。この体制の方が、「訓練のための訓練」にならずに、入居者の暮らしに役立つ生活リハビリが実現できると考えています。

　あくまでも暮らしの継続の場である特養においては、入居者を中心として暮らしをサポートする専門職種の主役は介護職です。ちょうふ花園では、すべての職種が同じこの認識のもと、入居者を支援

図表2-7　24Hシートとリハビリテーションの関係性

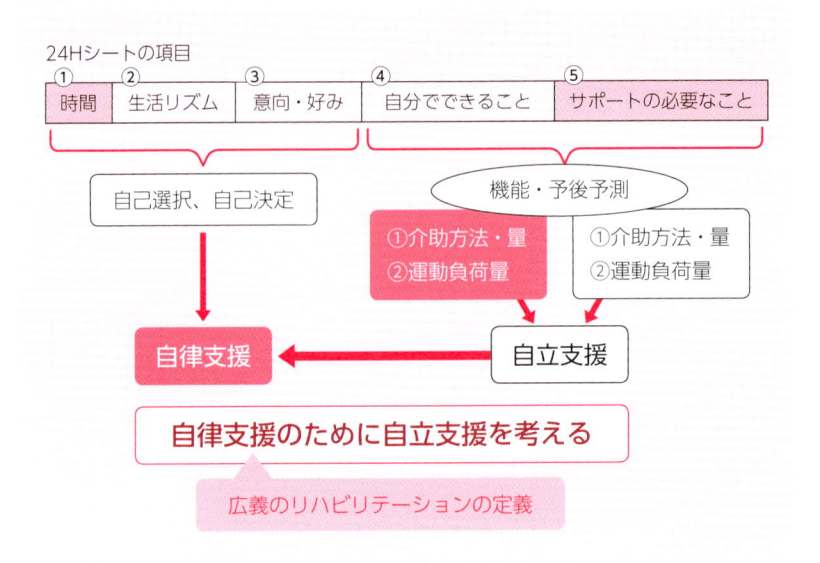

[図表：24Hシートの項目として①時間、②生活リズム、③意向・好み、④自分でできること、⑤サポートの必要なことが示され、①〜③は「自己選択、自己決定」を通じて「自律支援」へ、④⑤は「機能・予後予測」に基づく「①介助方法・量、②運動負荷量」を通じて「自立支援」へとつながる。「自律支援のために自立支援を考える」が広義のリハビリテーションの定義とされる。]

しています。

24Hシートとリハビリテーション

　特養の専門職の主役である介護職が中心となり、入居者や家族の思いを暮らしのなかで実現させていくために、24Hシートを作成します。**図表2-7**にあるように、その項目には、①時間、②生活リズム、③意向・好みがあり、この部分が「自律支援」（自己選択・決定にて尊厳を保つ＝自らを律する）となります。要介護状態である入居者は、何かしらの手助けが必要であり、自律支援があれば入居者の思いが達成できます。そこに、④自分でできること、⑤サポートの必要なことが存在し、この項目がリハビリ職の専門性を活用できるところです。④の「自分でできること」は、入居者のできる能力であり、「自立支援」（日常生活動作を実施する自立支援）となります。⑤の「サポートの必要なこと」は、介助方法となります。

　ちょうふ花園では、入居者のできる能力を、理学療法士が専門性を活かして評価します。それは、入院後など暮らし方や状態が変化した時に今後の予後（回復）予測を実施するだけではなく、入居時も実際にどの程度の動作能力があるのか確認し、担当の介護職と一緒に評価します。また車いすの適合（シーティングやポジショニング）、福祉機器、褥瘡予防のポジショニングやリラクゼーション肢

図表2-8　24Hシート

時間	生活リズム	意向・好み	自分でできること	サポートの必要なこと（図表2-9を参照）
6:00		・布団で寝ていた ・洋服は気に入った物、着心地のよい物を好む ・歯磨き粉は使わない ・化粧水と乳液をつけたい	・手引き歩行 ・床を這う ・手すりをつかまり立つ	・トイレで目が覚めた時は、布団対応のため手すりにつかまり立ってもらう ・ズボン上げ下ろし介助（※ズボンのみはきかえる） ・洗面台へ誘導 ・手洗い介助 ・口腔内ブラッシングし、口腔内をマウスウォッシュを使用しガーゼで清拭する
7:00	・トイレ ・洗面 ・着替え ・リビングへ		・手引き歩行 ・床を這う ・手すりをつかまり立つ ・声かけに口を開け飲み込む	・着替え介助 ・前から両肘を支え、手引き歩行 ・前から両肘を支え、手引き歩行でリビングへ誘導する前から両肘を支え「せーの1・2・1・2」の声かけし、手引き歩行でリビングへ誘導する。足が出にくくなったら直立の状態から「せーの」から始めると歩ける（※姿勢が左側に傾きやすいので、気をつけて見守る）
7:30	朝ごはん	・嫌いな物は進みが悪くなる ・竹のスプーンを使用している ・食べるのが好き ・冷たい物、パンなどは食べない ・漬物、麺類が好きだった	・声かけに口を開け飲み込む	・食事の声かけ ・食べこぼしを拭くタオル、エプロンを用意 ・主食：粥、米飯のミックス、副食：ムース食 ・茶、汁物はトロミをつける　200ccに対し、5ccスプーン5〜6杯トロミをつける（緩いと左側からこぼれてしまう）食事をゆっくり口元まで運ぶ ・時々スプーンを噛んでしまうので竹のスプーンを使用する ・食後薬は口の中へ入れて飲み込み確認 ・3ccほどの僅かな水でのばしたジャムなど甘い物と一緒にからめ飲んでもらう

図表2-9　24Hシートに添付する詳細資料

介助方法

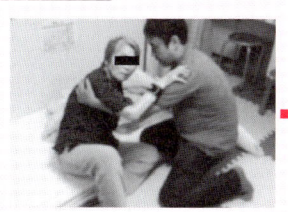

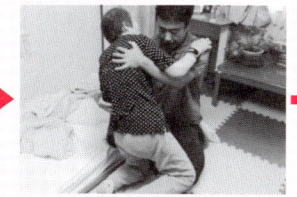

まず横座りになってもらいます。左手を布団に着いてもらい、手の甲を介助者の右手で優しく押さえます。ここでの注意として、両膝がちゃんと曲がっていることと、入居者に左手を見るように伝えます。そこから、腰を右に回しながら持ち上げると、軽く持ち上がり、膝立ちになります。

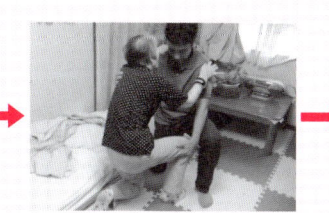

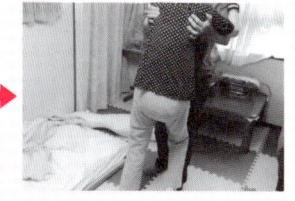

膝立ちから右側に少し体重を移動させます。右膝の荷重が抜けるときに（膝が床から少し浮くとき）、身体を右側に回旋させて下さい。そうすると、右足の膝を立てようとします。
次に右足の足の裏が全部しっかりと床に着くように手伝ってあげてください。こうして右片膝立ちになります。

右片足立ちから右足のほうへ体重を移動させながら身体を立たせると、自らしっかりと立ちます。右前方に引き上げるような感覚です。

2章　各専門職の基本的な役割

位の評価などを実施しています。さらに過剰な介助や間違った介助をすることがないように、介助方法を現場の介護職と検討しています。

ちょうふ花園の24Hシートでは、介助方法の変更に関して、具体的に**図表2-8**と共に**図表2-9**のような詳細資料を付けて、情報を共有しています。視覚からの情報を示すことで、具体的なイメージが伝わります。

リハビリ職に求められるスキルと視点

まずは障害像を評価できるスキルが必要です。障害像の評価とは、入居者のできる能力を把握したうえで、過剰な介護による廃用性症候群をつくることなく、回復も含めて予後予測できる能力です（**図表2-10**、**図表2-11**参照）。そのためには、病院などの医療現場で、さまざまな疾患やそれに伴う障害を経験したリハビリ専門職が良いと考えます。しかし特養は、暮らしの継続の場であるという視点が求められますから、訪問リハビリを経験していると治療的なリハビリにとらわれることがなく、さらに望ましいといえます。

そして何より特養の役割を理解し、入居者の晩年の人生をプロデュースするために働いている介護職を支えるという視点が大切です。ですから、入居者の暮らしの場であるユニットに足を運び、入居者のことを最も理解している介護職の声を丁寧に聞きながら、情報共有していくことが求められます。

専門職ゆえに陥りやすい落とし穴

特養は暮らしの継続の場であり、終の棲家です。そこで暮らす入居者が、1日をどのように暮らしたいのか、人生の晩年をどのように過ごすことを望むのか、人それぞれの思い（ニーズ）を汲取り、それを実現できるよう専門職の知識や技術を活用することが大切です。

しかし、リハビリ専門職は、養成課程でのカリキュラムや実地研修等において、さまざまな疾患による障害に対して、治療的視点でみる教育を受けています。したがって病院では、健常な身体活動に

対し、異常となる歩行や基本動作、日常生活動作に対して課題解決型のアプローチとなりがちです。

　もう一つのリハビリ専門職の落とし穴として、入居者のできる能力がわかり、入居者の予後予測、変化する（できるようになる）可能性が把握できることから、入居者や家族のニーズよりも高度な目標設定をしてしまうことがあります。これも、医療では回復期のリハビリが職域上大きな位置を占めているからです。

図表2-10　ユニットケアとリハビリテーション①（できる能力の把握）

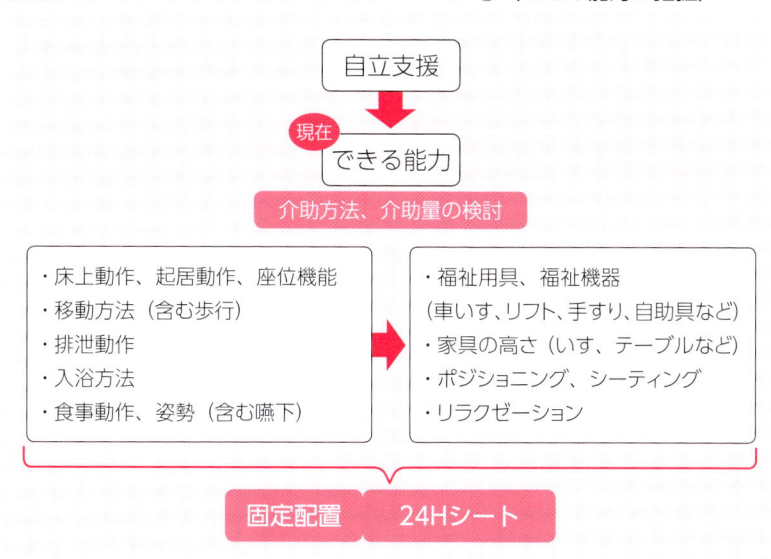

```
                    自立支援
                       ↓
              現在  できる能力
                  介助方法、介助量の検討

・床上動作、起居動作、座位機能    ・福祉用具、福祉機器
・移動方法（含む歩行）              （車いす、リフト、手すり、自助具など）
・排泄動作                        ・家具の高さ（いす、テーブルなど）
・入浴方法                        ・ポジショニング、シーティング
・食事動作、姿勢（含む嚥下）      ・リラクゼーション

              固定配置　24Hシート
```

図表2-11　ユニットケアとリハビリテーション②（予後予測）

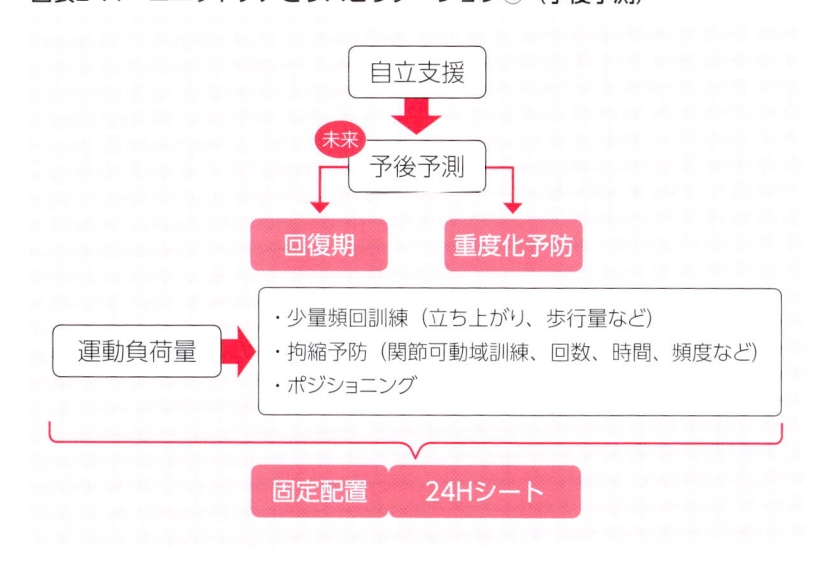

```
                    自立支援
                       ↓
              未来   予後予測
                   ↙     ↘
               回復期    重度化予防

運動負荷量 → ・少量頻回訓練（立ち上がり、歩行量など）
            ・拘縮予防（関節可動域訓練、回数、時間、頻度など）
            ・ポジショニング

              固定配置　24Hシート
```

しかし、特養が医療の場ではなく暮らしの継続の場である以上、高度な目標設定をするのではなく、入居者それぞれの当たり前の暮らしの継続が続けられるように、知識・技術を活用することが大切です。その際、専門用語をわかりやすい言葉で伝え、入居者の障害像もわかりやすく介護職＝「暮らしの継続を支える専門職」に伝えることが重要です。

　また、入居者の調子や状態が悪くなった時のみではなく、障害を持ちながらも介護を受けて生活している「普段の様子」を把握していく必要があります。そのためには、頻繁にユニットに顔を出し、入居者や介護職と顔なじみの関係になる必要があるのです。

4 栄養士

施設における栄養士の基本的な役割

　施設入居者にとって、一番の楽しみは食事と言っても過言ではありません。「食」という字は「人が良くなる」と書きます。食が充実していれば、人の暮らしは豊かなものになります。

　施設における栄養士の仕事は、入居者に合わせて食事を調整して栄養状態を維持・改善することはもちろんですが、嗜好や生活習慣といった一人ひとりの特性に配慮し、満足度の高い食事を提供することも大切な役割となっています。

　しかしながら、高齢になると**図表2-12**に示したように老化を起因とする身体的・精神的変化がみられるようになります。認知機能の低下や摂食・嚥下機能の低下、四肢のまひや筋力の低下などの運動機能の低下は、食事量を低下させ低栄養や脱水の原因となります。また、精神疾患や投薬の影響などにより、食欲を失うこともあります。高齢者は複数の疾患を持っていることが多く免疫力も低下しているため、わずかな変化で体調を崩しやすくなります。

図表2-12　高齢者にみられる身体的・精神的特徴

①個人差が大きい
②典型的な症状を示しにくい
③複数の疾患を持っている
④認知機能が低下する
⑤運動機能が低下する
⑥摂食障害・嚥下障害を起こしやすい
⑦食欲不振から低栄養や脱水、貧血になりやすい
⑧骨がもろくなり転倒や骨折を起こしやすい
⑨排泄障害を起こしやすい
⑩精神状態が不安定になりやすい
⑪薬剤の影響が出やすい

このような高齢者の身体変化に伴って、食事内容や提供方法への配慮が必要になってきます。多くの高齢者が年齢とともに身体機能や認知機能が衰え、低栄養（やせる）や口から食べることが困難になります。窒息や誤嚥性肺炎の予防も大きな課題です。高齢者は個人差が大きいため、すべての入居者に対して身体機能への対応を含めた個別の配慮が必要となります。

　また、入居者にはそれぞれの「食の歴史」があることを忘れてはなりません。これまでどのような人生を歩んできたのたか、その人生を支えてきた食生活がどのようなものであったかを知ることは、施設での食事を提供する上で非常に重要な要素となるからです。

　栄養士が個々の入居者に適したおいしく、楽しく、安全な食事を提供するためには、入居者個々の特徴の把握とさまざまな情報の収集が必要となります。入居者一人ひとりをみる視点と他職種との協力がなければ、栄養士としての役割を十分に果たすことはできません。

栄養士が役割を果たすために必要なこと　●●●

　施設入居者の情報収集は栄養アセスメントで行いますが、現在の情報だけでなく、過去の食生活や家族環境なども把握することが大切です。施設に入居されると、環境の変化や食の好みが合わないことで食欲が低下することがあります。また、認知症の症状は食事への認識を低下させる原因にもなります。このような場合、過去の食生活や食の好みを把握していることが問題解決へとつながることがあります。好きな料理や得意だった料理、食にまつわるエピソード（例えば、家族みんなで芋掘りをして焼き芋をつくった。母の作るカレーがごちそうだった。ケーキをひっくり返して子どもが泣いたなど）は大いに役立つでしょう。

　多くの高齢者は複数の疾患を持っています。重篤な症状がある場合には厳しい食事制限が必要となる場合もありますが、生活の場である施設での栄養管理は、いかに食事量を確保し栄養状態、健康状態を維持するかに重点が置かれます。70歳くらいまでは、生活習慣病の予防が中心ですが、70歳を過ぎた頃から低栄養にならないための食事へと徐々にシフトしていきます。80歳以上は身体機能

図表2-13　少量で栄養価が高く食べやすい食事の例

- オリーブオイルを加えたマグロのたたき
- 肉野菜をやわらかく煮こんだクリームシチュー
- ほうれんそうの練りごま和えや白和え
- プリン、アイスクリーム

の低下に伴い低栄養の危険性が高くなるので、体重を維持できるだけの食事量の確保が必要となります。高齢者の食事量は多くないので、少量で栄養価が高く食べやすい食事を心がけます（**図表2-13**参照）。

認知症の症状がある場合

　認知症の症状がある場合には食事への感心や認識が薄れてくるので、食事量確保のための配慮が必要となります。落ち着いて食事ができず歩き回ってしまう入居者に対しては、手に持って歩きながら食べられるものを用意するなど、少しずつ食べられるような工夫が必要です。

　食事の認識ができず、食事を目の前にしてもなかなか食べ始めることができない場合には、食事開始の動作を介助します。食事の途中で止まってしまうような場合には、適宜声かけを行います。食事ペースが速すぎる場合には、小分けしたり、小さいスプーンや箸を使うことも効果的です。

　使い慣れた食器を使用する、食器の数を少なくして選択に迷わないようにする、気が散らないように静かな環境で食事を提供する、異食などの危険行為への配慮など、状況に合わせてさまざまな対応を行います。

摂食障害・嚥下障害がある場合

　摂食障害や嚥下障害がある場合には、窒息や誤嚥性肺炎の予防に重点が置かれます。まず、普段や食事の時の様子を観察し、むせや飲み込みにくさがないか確認します。誤嚥は、嚥下前誤嚥、嚥下中誤嚥、嚥下後誤嚥、食べることと関係ない誤嚥に分かれます（**図表2-14**参照）。

　嚥下前誤嚥は、飲み込んですぐにむせる場合です。嚥下反射の惹

図表2-14 誤嚥の種類と対応方法

種類	症状	対応
嚥下前誤嚥	主に液体などが、飲み込もうとする動きが始まる前に、だらだらと気道に流れてむせる	嚥下反射の惹起の遅延や消失が原因なので、とろみをつけてゆっくり喉を通過させる。 食事前の嚥下体操などで嚥下反射が起こりやすくする。
嚥下中誤嚥	食べ物を飲み込もうとしたときに、瞬間的に気道に食べ物が入るためにむせる	嚥下反射は間に合っているものの、咽頭挙上や声門の閉鎖が間に合わないなどが原因なので、弱い力で飲み込める一口量の調整や、食事のペースをゆっくりにする。
嚥下後誤嚥	嚥下反射が起こった時に誤嚥は認められないが、飲み込んだ後しばらくしてむせる	咽頭に残った食べものが嚥下後、気道に入ってしまうのが原因なので、咽頭残留物が少なくなるように、やわらかく、まとまりのよい食形態に変更する。 食べ物とゼリー茶などの交互嚥下を行う。
食べることと関係ない誤嚥	唾液の誤嚥や経腸栄養剤の逆流による誤嚥	口腔ケアの徹底と、食後すぐに仰臥位にさせない。 むせの症状がない不顕性誤嚥もあるため、よく観察する。

起の遅延や消失が原因なので、トロミをつけてゆっくり喉を通過させる対策をとります。

　嚥下中誤嚥は、食べ物を飲み込んだ時に、瞬間的に食べ物が気道に入りむせる場合です。弱い力でも無理なく飲み込める一口量や食べるスピードを調整します。

　嚥下後誤嚥は、飲み込んだ少し後にむせる場合です。咽頭に残った食べものが後から気道に入ってしまうことが原因なので、咽頭残留物が少なくなるように、やわらかく、まとまりのよい食形態に変更します。

　食べることと関係なくむせる場合は、唾液の誤嚥や経腸栄養剤の逆流による誤嚥が考えられるので、口腔ケアの徹底と経腸栄養剤投与後に、すぐに仰臥位にさせないなどの対策をとります。

　施設における嚥下機能の評価は、指示行動が可能な入居者の場合には、反復唾液嚥下テスト[1]、改定水飲みテスト[2]、フードテスト[3]、頸部聴診法[4]などで嚥下状態を判断することができます。症状が重い場合、経口摂取が可能かどうかの判断は専門医による診断が必要

です。嚥下調整食の基準は、嚥下調整食学会分類2013[5]を参考にされるとよいでしょう。

食形態への配慮

　高齢者に提供する食事は、摂食機能・嚥下機能を考慮して食形態を決定しますが、ある程度の咀嚼能力があり嚥下障害が少ない入居者には、普通食と変わりなく見えて食べやすい食事を提供します。例えば、①やわらかい身の魚や挽肉を使う、②食材の切り方や加熱方法を変える、③ぱさつきやばらつきを抑える、など食べやすくするための調理上の工夫をします。嚥下障害がある場合には、機能レベルに合わせ、嚥下調整食品を使ったペースト食やゼリー食を提供します。ペースト食、ゼリー食を調理する場合には残渣の量が多いほど食べにくくなるため、ざらつきが少なくなるような調理を心がけます。

食事姿勢への配慮

　嚥下機能が低下している入居者の場合は、食べる姿勢の調整をします。飲み込む力が弱い方の場合は、60度から30度くらいまで姿勢を倒し、重力の力を利用して食べていただく工夫が必要です。どのよう姿勢であっても、顎は少し引いた角度に調整し一口量に注意します。飲み込みが悪い場合には、ゼリー茶やとろみ茶などを用いて交互嚥下を即します。咀嚼運動がほとんどみられない場合には、ゼリー食を少量の塊のまま飲み込んでもらうようにします。

まとめ

　栄養士が入居者ごとに食事への配慮を行うためには、信頼できる多職種からの情報が欠かせません。また、栄養士から多職種に向けての適切な情報の発信も必要です。1人ひとりの入居者を多くの専門家の視点から多角的に観察することによって、より良い問題の解決策が見つかるはずです。入居者の施設での生活を心地よく豊かなものにするため、最後の一口まで気配りされた食事の提供を目指しましょう。

1) 30秒間で何回唾液を飲み込むことが出来るかの試験。3回以上を良好、2回以下を不良とする。
2) 冷水3mlを口腔底（舌下）に入れ嚥下する。3mlの嚥下が可能な場合には更に2回の嚥下動作を追加する試験。嚥下あり、更に2回の追加嚥下が30秒以内にできれば良好、嚥下はできるがむせたり、湿性嗄声（ガラガラした声）がある、呼吸切迫、嚥下できない場合には誤嚥の疑いがあるとする。
3) ティースプーン1杯（3〜4g）のプリンを舌背前部にのせて飲み込んでもらい、空嚥下（唾液を飲み込む要領）をした後30秒間観察する試験。一口量はスライス法に従い、3〜5g、5mm以下の厚さにカットしたものを飲み込んでもらう。評価基準は2）改定水飲みテストと同じ。
4) 聴診器で飲み込んでいる時の頸部の音を聞く試験。嚥下前と後の呼吸音変で、誤嚥、咽頭残留の疑いを判断する。
5) 日本摂食・嚥下リハビリテーション学会「嚥下調整食学会分類2013」を参照。

実践編

社会福祉法人市原寮

市原寮における栄養士の役割

　社会福祉法人市原寮の施設は、直営給食・セントラルキッチン方式・サテライトキッチン方式・委託給食と、各施設の給食の経営状況はさまざまです。各施設の栄養士は、法人理念である「生きる喜び明日への希望」に向かって、栄養士である理事長の指導のもと日々研鑽に励んでいます。高齢者施設での栄養士の役割のなかで、私達が何よりも重要視しているのが、栄養士は「幸せをお届けする仕事」であることです。法人内の栄養士は、定期的に交流を図り、意思の統一やイベント情報の交換・問題解決を図っています。

調理システムに合わせた栄養士の業務

　市原寮ではセントラルキッチンを導入し、サテライト施設2か所（平成27年3月より3か所）に食事を配送しています。これにより、少ない労働人数・時間で業務を円滑に進めることができています（1日約1200食を68時間で調理）。前倒し調理と長期保存ができるため、人件費削減や時間の有効活用が得られます。サテライト施設の2か所は調理員がいないため、入居者には介護職だけで食事の再加熱と提供を行っています。

　市原寮の栄養士は、調理システムをスムーズに運営していかなければならないため、調理現場での業務も担当しています。施設栄養士以外にも、法人本部に配食センターを設置し、調理システムをより有効活用するために、セントラルキッチンやサテライトキッチンでの業務を行います。栄養士も調理員と同じ業務を経験しておくこ

とで、現場の問題点の把握と早期解決につながります。

　給食経営管理では、献立作成から発注業務、そして実際に調理現場でつくる食事の管理とその後のフィードバックが必要です。この中心となる調理現場での食事にかかわることが、無駄のない給食経営につながっています。

　次のステップとして、安全でおいしい食事を提供し、その食事が入居者に本当に適していて、喜ばれるものであるかを把握しなければなりません。栄養士は、できるだけユニットに食事の様子を見に行くようにしています。介護現場での実際の様子や入居者の生の意見を伺い、それをまた調理室全体で情報共有することで給食経営管理につなげています。

キャリアアップの仕組み

　栄養士の経験年数や性格はさまざまです。そのなかで、得意分野を伸ばし、反対に栄養士による業務の差がないように工夫しなければなりません。そのために、年度初めに個々人の１年間の目標を立てます。年に３回ほど、目標に対する達成度を文書と面接で確認し、訓練が必要と判断した場合には苦手分野に集中的に業務についてもらいます。目標以上に成果がみられた場合には、さらにレベルアップしていけるように外部の研修で実践発表したり、大きなイベントの企画責任者を担ったり、栄養士の「やりがい」を感じれるような仕組みになっています。困ったことや悩みも、栄養士が複数いることで相談しやすい環境であることが、働きやすい職場につながっていることもあるかもしれません。

栄養マネジメントと情報の共有

　市原寮では、栄養ケアマネジメントに力を入れています。入居者の栄養状態については、必ず入居者の担当介護職と一緒にアセスメントを行います。栄養士が一人で行うのではなく、できるだけ多職種で作り上げていけるよう、担当介護職の出勤を確認し栄養士がユニットに行ってアセスメントを行います。パソコン内のケア記録や24Hシートなど、共有で活用できるツールはどんどん栄養士も取り入れていきます。情報の共有は、サービスの統一や質の高いケアに欠かせません。各々がもっている情報を共有化することは、栄養

士に求められる「ムダ・ムリ・ムラの削減」につながります。

入居者一人ひとりに合わせた食事

　高齢者の身体状況やニーズは個人差があり、大量調理では対応しきれません。市原寮では、食事の一部をユニットで加熱調理したり、炊飯や汁物作成・麺類の作成をユニットで行うなどの工夫を行っています。また、刻み食は調理室では提供せずに、常食のままで人数分をまとめて渡します。その日の入居者の体調や嚥下状態に合わせ、そのまま食べられる料理は刻まずに提供でき、日々の入居者の変化に対応できる利点があります。食欲不振の入居者には、うどんやパン食・寿司など、ユニットですぐに用意できるような体制づくりに努めています。調理室内だけでなく、できるだけユニットで食事の用意ができるようになることで、入居者個々の嚥下状態や身体状況に合わせた食事を提供できるようになります。

栄養士に求められるスキルと視点

　栄養士に求められる能力の幅は想像以上に広いです。おいしく安全な食事を提供し、人々の健康維持増進につなげるには、労務管理・金銭管理・コミュニケーション力・調理技術など、多くの知識と能力が必要とされます。「ムダ・ムリ・ムラ」がでないように、マネジメントする能力が、栄養士をしていると自然と身についていくのではないでしょうか。1つの施設に栄養士は数名しかおらず、栄養士の力量によってその施設の食事ケアは大きく変わるとすれば、やりがいもありますが大変責任ある立場です。

多職種間の連携

　安全でおいしい食事は、食材選びの時から始まっています。食材を新鮮なうちに見合った値段で仕入れるには、食品の外部事業者との連携が不可欠です。入居者の食事づくりを一緒にやっているという意識を高めるために、食材の良し悪しの報告や相談も密に行います。信頼できる外部事業者は栄養士の大きな味方です。

　栄養士が特に連携しないといけないのが、調理員です。調理員は栄養士の右腕となり、おいしい食事づくりの要となる部分を担って

います。栄養士と調理員では職種が異なるので、どうしても考え方の違いが起こりやすいですが、普段からしっかりコミュニケーションを取ることで、壁はなくなるように思います。

　たとえ直営給食ではなく委託給食であったとしても、入居者に食事を届けるという同じ目標を持った職員であることに違いはありません。入居者の顔を見に行くのは栄養士だけではなく、調理員も対象です。委託給食であるからと壁をつくらずに、入居者との行事（夏祭りや料理レク等）には積極的に調理員と一緒にかかわっていきます。調理室全体でどんな些細なことでも共有していくことが大切です。

　市原寮では調理員が空いた時間に栄養士事務のヘルプをしてもらい、時間を有効活用しています。こうした他職種の仕事の理解も、お互いをわかり合える機会となります。大切なのは「一緒にやっている」という意識です。

　また、入居者だけではなく、家族・他職種・外部事業者などに「どれだけ気遣いができるか」も栄養士業務のポイントです。介護職には、栄養士から積極的にかかわるようにします。介護現場はとても忙しいため、栄養士自らが現場に足を運び、話しやすい環境づくりに努めることが大切です。必要な時にすぐに栄養士に声をかけてもらえるように、ユニットに頻繁に足を運ぶこと。そうすると入居者の様子を直接みることができ、職員からの情報もより多く得ることができます。

　また、施設の行事には、食事がかかわっていなくとも栄養士も施設職員の一員として、介護職に協力できる体制をつくるとよいと思います（のど自慢大会等）。こうして各々の職種が普段から連携し合うことによって、食の分野においても職員間の結束が強まります。入居者の幸せのため食のコーディネートをするプロ。食の枠を越えて、入居者の生活にかかわっていけるように努力していく必要があるのではないでしょうか。

専門職ゆえに陥りやすい落とし穴

　栄養士という職業は、経営や計算・管理といった業務が多くなるため、数字や数値とは切ってもきれない関係です。食事ケアにおい

ても、「何割食べなければならない」「体重を増やすために何キロカロリープラスしないといけない」など、数値にこだわり、「制限」をかけてしまいがちです。

　例えば、糖尿病がある方におやつの制限もなしに食事ケアをして、栄養士がこれでいいのかと不安に感じることもあると思います。おやつは止めるか、もしくは低カロリーのものにすると指示を出しがちです。でもその入居者の方がおやつのケーキ等を楽しみにされていたら……幸せを奪っているケアになりかねません。

　たしかに健康が損なわれてはなりませんが、入居者や家族の意向を聞き、リスクを多職種で話し合い、双方で理解を得ることが職員の役割です。栄養士も視野を広げて、決して制限ばかりするのではなく、疾患の悪化防止にはどのような食事の工夫ができるのかを考えることが重要です。

　入居者の体調の変化の観察はもちろんのこと、差し入れ状況の把握や、外食やイベント時の特別な食事を提供する際の介護職との連絡方法も確立しておくべきです。特にどのような身体状況の変化に注意してほしいか（低血糖症状があるかどうかなど）は、具体的に看護職より介護現場に伝えてもらいます。その情報は介護現場からの記録として、看護職も栄養士も共有します。入居者の状況や血液検査の結果に特に変化がなければ、引き続き留意しながら、制限のなるべく少ない生活を支援しましょう。

まとめ

　栄養士は、施設に１～数名しかいない職種であるため、孤独感を抱いてしまうこともしばしばです。今の自分は間違っていないだろうか、栄養士は施設に必要なのだろうか……栄養士なら一度は悩んだことがあると思います。他部署とのやりとりや調理員をまとめていく難しさで、板挟みに悩むこともあるのではないでしょうか。そんな時にパワーをもらえるのは、同じ職種である栄養士仲間です。法人内や近くの施設、栄養士会や研修で一緒だった仲間……一人でも多くの仲間を見つけて、話し合うこと。きっと問題解決やモチベーションアップにつながるはずです。

　多職種との連携のなかで、意見が違うのは職種が異なるので当た

り前のことです。職種は違っても、入居者の暮らしを支えるのはどの職種も同じです。同じ目標を持った他職種の仲間と、同じ悩みをもった栄養士の仲間、どちらも心の支えになるはずです。

　専門職ゆえに陥りやすい落とし穴は、栄養士だけでなくすべての職種が持っています。しかし、栄養士のように数値にしばられやすい職種とは反対に、介護職は数値よりも感覚や入居者の反応を主と考えます。栄養士は食事のことを中心に物事を考えますが、介護職は生活全般を視野に入れて発言します。このように各々の専門職が欠点を補いあい、連携することで多職種でのケアは成り立っています。

　栄養士は、やろうと思えばどこまででも仕事の幅を広げることのできる職種です。反対に、自分でここまでぐらいでと止めてしまうこともできます。栄養士の努力次第で施設の食事ケアが決まり、入居者の生きる喜びが増えるとしたら……全身全霊で栄養士業務を全うせざるを得ないと考えます。栄養士ほどホスピタリティを感じることのできる仕事はないと言っても過言ではないように思います。

5 ケアマネジャー

理論編

施設におけるケアマネジャーの基本的な役割

　施設ケアマネジャーの役割を考えるに当たり、まずは国の基準を理解します。

　ここでは、「指定介護老人福祉施設の人員、設備及び運営に関する基準」を**図表2-15**のとおり一部抜粋します。

図表2-15　指定介護老人福祉施設の人員、設備及び運営に関する基準（抄）

　第四章　運営に関する基準
　　第十二条　指定介護老人福祉施設の管理者は、介護支援専門員に施設サービス計画の作成に関する業務を担当させるものとする。
　　第二十二条の二
　　　　一　入所申込者の入所に際し、その者に係る居宅介護支援事業者に対する照会等により、その者の心身の状況、生活暦、病歴、指定居宅サービス等の利用状況等を把握すること

　上記の基準から、施設ケアマネジャーは施設サービス計画の作成に関する業務を担当し、入居申込者と、入居以前からかかわる必要性についても示されています。

　また、ケアマネジャーの実務研修では、「自立支援、利用者本位の観点に基づく施設サービス計画の作成の視点、方法を学ぶ。また、生活の質の向上及び継続性、在宅復帰の可能性等、施設特有の課題分析と施設サービス計画の作成、施設における職員間の連携方法、施設外の資源活用と連携方法。を学ぶ。」＊とあります。

　さらに、管理者やユニットリーダーの役割を担う職員（介護職・生活相談員・ケアマネジャー）、管理栄養士、看護職などが受けるユニットケア研修では、「高齢者一人ひとりの長年の生活習慣や好みに合わせ、今までの暮らしをなるべく継続してもらえるようなケ

＊一般社団法人長寿社会開発センター発行『五訂 介護支援専門員実務研修テキスト』より

図表2-16　施設ケアマネジャーとして求められている役割

1. **入居者の尊厳ある自立支援に基づく施設サービス計画の策定**

    入居者が身体的、精神的に自立（自律）し尊厳が保てる日常生活の営みを支援できる計画の策定

2. **入居者本位の視点から施設ケアの質を高める**

    入居者本位、中心に本人の望む暮らし(施設サービス計画)を共有し、個別的な支援につなげる

3. **入居者支援のための組織的な連携、仕組みづくり**

    入居者にかかわるすべての職員が本人の望む暮らし(施設サービス計画)を共有し、24時間の生活と暮らしを保障する

アを目指そう」*という原点に立って、カリキュラムが組み立てられています。

＊一般社団法人日本ユニットケア推進センター編集『平成26年度ユニットリーダー研修ハンドブック』より

　これらのことをふまえ、施設ケアマネジャーとして求められている役割は、**図表2-16**のとおり大きく3つあると考えられます。

　施設でのチームケアが機能する鍵は、情報伝達、共有の仕組み、多職種がもつ専門性を発揮できる仕組みを作ることです。それを機能させることが、施設ケアマネジャーに課せられているといえますが、現状では施設ケアマネジャーの業務をひとくくりにすることはできません。施設ケアマネジャーの位置づけが、「入所者の処遇に支障がない場合は、当該指定介護老人福祉施設の他の職務に従事することができる」と基準にあるため、介護職、生活相談員、看護職等との兼務も多くみられるのです。

　兼務の場合や施設状況により、入所申込者の入所前の情報収集、インテークが相談員の役割になっていることも多く、暫定プランに至っては、転倒などのリスクマネジメントや安全への配慮が中心になりがちです。また、具体的なチームケアとしてのアプローチが入所後となることも多く、必ずしも個別性や継続的なケアが保証されているとはいえないという問題があります。

　ケアマネジメントプロセスを効果的、継続的な施設ケアマネジメントの流れとするならば、入居前のインテークや情報収集の際、施設ケアマネジャーが中心となって多職種で行い、ケアマネジメントプロセスを繰り返すことで、個別性を高めていくことが必要であると思われます。

施設ケアマネジャーの役割を果たすために必要なこと

では、施設ケアマネジャーが役割を果たすためには、どのような視点、知識、技術が必要でしょうか。

施設ケアマネジャーとしての視点は前述したように、入居者の生活全体像の把握、自立（自律）支援、尊厳の保持、生活の質の向上、生活機能の維持・拡大、役割の再構築や新たな役割の発見、リスクの軽減、入居者本人や家族の意向と施設理念の合致、といえます。

しかし、どんなにすぐれた施設ケアマネジャーでも、24時間365日を1人で連続してアセスメントやモニタリングすることは不可能です。そこで、施設では多職種が身近に集い、入居者一人ひとりの情報を専門職の視点で、アセスメントやモニタリングをしています。

例えば、施設入居後1か月程度の生活状況は集中して、介護職が毎日のケア提供や情報などを収集する役割を担っています。体調等の管理には医師や看護職、食事面では管理栄養士、家族との調整は生活相談員といったように、役割分担されています。

施設ケアマネジャーは、その専門的視点での情報を集約し、その情報を基に施設サービス計画に活かし、すべての職員に周知する必要があります。施設に集っている専門職がチームアプローチを行うことで「暮らしの継続」の実践につなげていけるといえます。

また、入居者は心身ともにさまざまな疾患を抱えていることが多く、地域の医療機関との連携も必要になってきます。地域との相互交流にはボランティアの受け入れ（インフォーマル・サービスの活用）も必要です。地域の社会資源としての役割を、施設が担っているともいえます。（例えば、災害の際の避難所としての役割など）

キーコーディネーターとしてのケアマネジャー

このように、施設ケアマネジャーは、的確なアセスメントと施設サービス計画作成にむけて、多職種協働のアセスメントの集約、ケアマネジメントプロセス（**図表2-17**参照）の明確化が求められて

います。そして、入居者の代弁者として、家族との調整や、公正・中立性を保ち、制度、法令の理解や遵守、施設理念などに則った施設サービス計画が入居者一人ひとりの個別的なものになっているか再確認する必要があります。

そのためには、施設ケアマネジャーが考えているアセスメントや、

図表2-17　ケアマネジメントプロセス

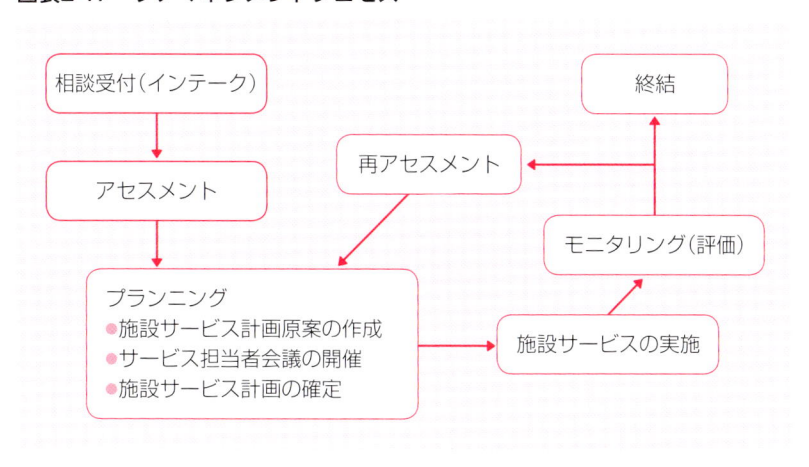

```
相談受付(インテーク)              終結
     ↓                            ↑
  アセスメント   ← 再アセスメント
     ↓                ↓
                  モニタリング(評価)
     ↓                ↑
  プランニング
  ●施設サービス計画原案の作成 → 施設サービスの実施
  ●サービス担当者会議の開催
  ●施設サービス計画の確定
```

図表2-18　入居者を中心とするキーコーディネーターのイメージ

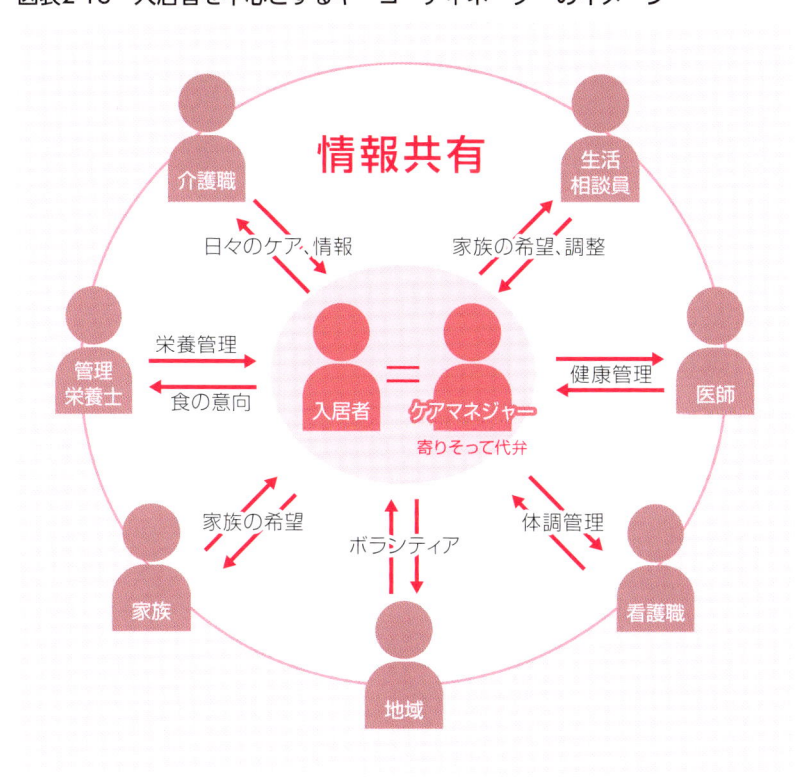

情報共有

- 介護職：日々のケア、情報
- 生活相談員：家族の希望、調整
- 管理栄養士：栄養管理、食の意向
- 医師：健康管理
- 看護職：体調管理
- 家族：家族の希望
- 地域：ボランティア

入居者 ＝ ケアマネジャー（寄りそって代弁）

ニーズ抽出のプロセスが示せるように記録し（見える化）、対人援助職としての技術、制度・法令などの知識、施設内の業務プロセスの見直しなどの提案も担い、**図表2-18**に示すとおり、施設の『キーコーディネーター』として、ケアを提供する「人」と「人」を結びつけるのが仕事だと理解することです。

まとめ

　施設におけるケアマネジャーは、施設内の多職種間における『キーコーディネーター』といえます。また、その役割を果たすためには、ケアマネジメントに関する知識のみならず、入居者の生活を保障するという観点と、情報分析者としての幅広い知識が求められます。

実践編

特別養護老人ホーム
メープル

メープルにおけるケアマネジャーの役割

　特別養護老人ホームメープルは青森県の県南に位置する六戸町に2003（平成15）年4月、全室個室のユニット型特養として開設しました。長期70床、短期20床の計90床の定員です。

　ケアマネジャーとしての具体的なかかわり方は、**図表2-19**のとおりです。そのうち①は、新規入居にかかわる調整や入居後の相談などの対応です。新しい入居者と一番最初に面談するのは、ケアマネジャーと担当介護職などです。事前調査の段階で、それぞれの職種が独自に情報を収集します。ケアマネジャーは、今までの生活や背景にあるものを面接調査票へ記入し、現在の生活については介護

図表2-19　メープルにおけるケアマネジャーの主な役割について

　　①入居者・家族との調整・対応
　　②ケアカンファレンス等の開催
　　③ケアプランの統括
　　④ユニットリーダー・専門職と連携し、ユニットケアの推進を図る
　　⑤ユニットリーダー等への相談や要望
　　⑥介護保険更新申請

職が24Hシートへ記入しています。②では、年間と月単位で予定を立て、現場に支障がないようにカンファレンス開催の計画を立てています。③では、ケアプランと24Hシートとの連動性の確認をしています（**図表2-20**参照）。④、⑤ではユニットケアの理解を深めながら、ユニットからの相談を専門職と一緒に解決し、日々のケアにあたっています。⑥では、家族に施設入居の継続の意向を確認し、更新申請をしています。

さらに、❶伝えた情報をそのままにしない、❷24Hシート作成時に必要に応じてアドバイスする、❸生活していくうえでケアが入居者に適しているのかをユニットミーティングやサービス担当者会

図表2-20　24Hシートとケアプランの連動性（メープルの場合）

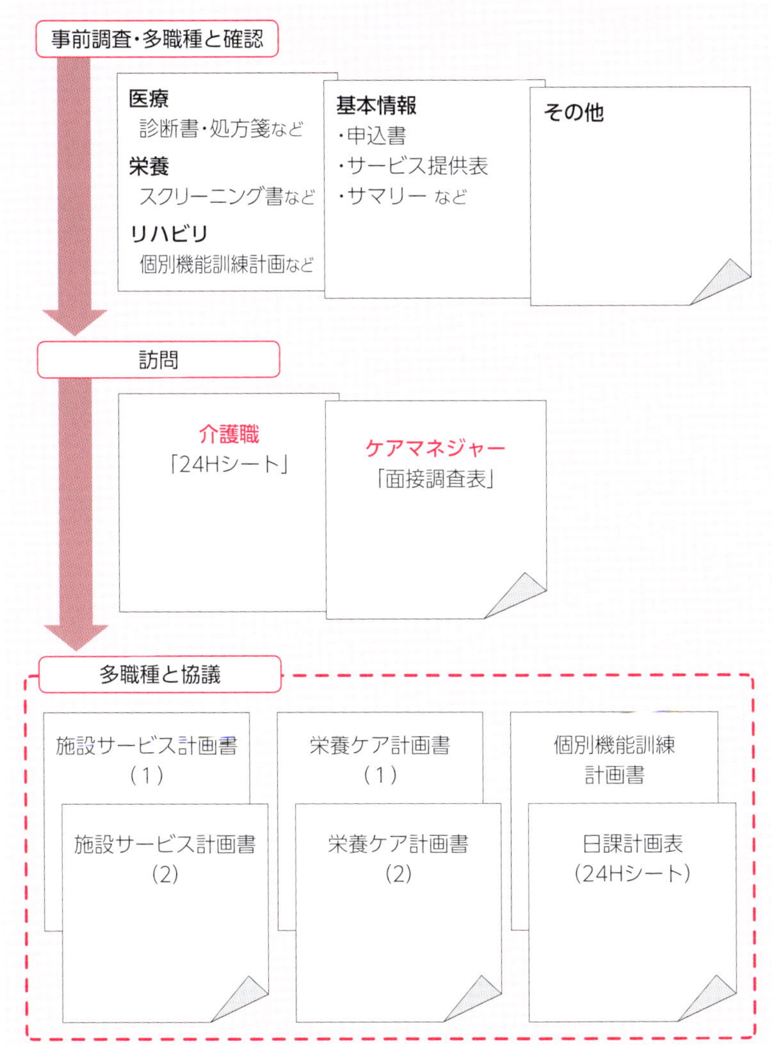

【事前調査・多職種と確認】
- 医療：診断書・処方箋など
- 栄養：スクリーニング書など
- リハビリ：個別機能訓練計画など
- 基本情報：申込書・サービス提供表・サマリー など
- その他

【訪問】
- 介護職「24Hシート」
- ケアマネジャー「面接調査表」

【多職種と協議】
- 施設サービス計画書（1）
- 施設サービス計画書（2）
- 栄養ケア計画書（1）
- 栄養ケア計画書（2）
- 個別機能訓練計画書
- 日課計画表（24Hシート）

議で確認・見直す、❹ケアプランと連動しているかという部分も合わせて確認しています。24Hシート作成時に疑問があったり、研修などで新たな情報を得た時は、リーダー会議、ユニットミーティングで勉強会を開催しています。

　また、メープルの人員配置は1.6：1という恵まれた職員数です。それでも、ユニットの職員が一人欠けてしまうと、その日の勤務が回らないということもあります。緊急時や急な欠勤時、「今、大変なんです」という声があった時には積極的にフォローにも入ります。

　ユニットへの訪問は毎日短時間です。全体の把握が難しいのが現状ですが、各ユニットやリーダーから受けた相談を、ユニットフォローに入った時に改めて理解でき、新たな発見もあります。ケアマネジャーは現場に常にいる職種ではありませんが、入居者の暮らしぶりを知るためには、時にゆっくりと時間をつくり、ユニット職員と一緒に入居者の生活を支えることが大切だと思っています。

ケアマネジャーに求められるスキルと視点 ●●●

　施設ケアマネジャーはケアプラン作成などのデスクワークが多いですが、研修でもよく話題になるように、雑用的な仕事も多く不透明な部分が多い職種であると思います。

　そういう職種でも忘れてならないのは「入居者の生活を見る」ということだと思います。現在の生活だけではなく、入居者がどんな生活をしてきて、これからどんな生活をしたいのか。そこに尽きます。

　そのためには、パソコンと向かい合う毎日ではなく、少しでも入居者の情報を得るために、ユニットに足を運ぶというフットワークの軽さが求められます。筆者はちょっとした伝達事項でも、電話で伝えるのではなく、できるだけユニットへ行き、ユニットや入居者の状態を見ながら、職員へ伝えます。共に過ごすことで見えてくることがたくさんあります。そうすることで、会議であげられる課題だけではなく、その方の環境を見ながらのケアプランの作成ができるようになります。

　ケアプランを作成するためには、情報を収集する能力が必要となり、そのためにはコミュニケーション能力を高めなければなりませ

ん。対象が重度の認知症の入居者であれば観察力が大切になり、意志疎通が可能な入居者なら、会話からその裏に隠された課題を読み取っていく力が必要になります。それらの力を発揮して、生活に視点をおいたケアプランを作成することが求められています。

多職種との連携

　ケアマネジャーは一人でケアプランを作成することはできません。施設にはさまざまな専門職種がいますので、その専門的知見をいかにコーディネートし、入居者の暮らしを継続させるプランとするかがポイントとなります。職員全員が同じ視点を持ち、同じ目標に向かってケアをしていくためには、ケアプランが必要です。入居者が望む生活を送れるか否かを左右するものととらえてもおかしくないと思います。

家族・地域とのつながり

　家族・地域とのつながりも大事です。家族とのつながりは面会等の限られた時間となってしまいますが、その短い時間で話しやすい雰囲気をつくり、家族の声に耳を傾けて、少しずつ信頼関係を築いていく必要があります。ただし、家族が家族の役割を果たし続けられる関係を崩してはいけません。十分な配慮が必要です。

　また、家族だけではなく、地域とつながる仕組みづくりが必要であると思います。地域のイベントに参加できるように、地域の情報を収集すること、ボランティアとして施設に足を運んでもらえるように働きかけをすることで、施設の情報を地域に広めてもらうことに力を入れています。メープルでは、地域の婦人部の方に来てもらい、郷土料理をつくったり、生け花や習字などの先生に来てもらい、介護職ではできない本物志向のクラブ活動を行っています。暮らしに豊かさをつくりだすためには、地域とのコミュニケーションも重要です。

専門職ゆえに陥りやすい落とし穴

気づきにくい点

　70人の入居者に対しケアマネジャーが一人であることにより、

一人ひとりの入居者をよく知ることは難しい部分もあります。すべての入居者と毎日かかわることは容易ではありません。一人とじっくりかかわっていては、1日8時間の勤務時間内では足りないです。何か変化があった時にかかわることが多いため、"いつも"の状態がよくわからず、元気な時とそうでない時との違いに気付かないこともあります。入居者本人の情報を得るために、ケース記録を見ますが、パソコン上の情報だけでは、その方の想いや本人の現在の暮らしぶりが、本当に望む暮らしなのかを見落としてしまうときもあります。

　このようなことから、入居者一人ひとりの生活を大切にしたケアプランからずれてしまう時もあります。担当者会議で挙げられた生活の一部分の困りごとだけが課題として感じられ、その裏に隠された本当に望む暮らしぶりに気づかないこともあります。そうした場合には、生活の一部分に目を向けるのではなく、1日24時間の暮らしぶりにヒントがあると考え、そこから職員が課題の原因を探るようにしています。

入居者の暮らしに目を向ける

　ユニットケアにおけるケアの視点は「1日の暮らし」です。基礎資格が看護職であろうと、介護福祉士であろうと、それぞれの得意分野が前に出てしまったり、職員の思いが強く出すぎてしまうことがあります。しかし、どんな資格を持っていても「入居者の暮らし」をいかに黒子として支えていくかが本来の役割です。それをコーディネートするのがケアマネジャーの本来の専門性なのかもしれません。

日々、スキルアップしよう！

　最後になりますが、筆者は「現場経験者であった」ということも、1つのスキルであると思っています。今までの経験や知識を踏まえたうえで、ケアマネジャーとして常に向上心をもち、自己研鑽に努めています。日々変化していくユニットケアのあり方を学び、多職種とともに柔軟な対応をすることで、入居者の生活を支えていくことが大切だと思っています。

6 生活相談員

杜の里における生活相談員の役割

特別養護老人ホーム杜の里は定員150名の従来型特養ですが、15名1グループとなったハードが特徴です。杜の里における生活相談員の役割は、ひと言で表現すれば、「施設内外の連絡調整係」です。その業務内容は多岐にわたり、①入居者・家族、②介護保険手続きなどの行政、③施設職員、④施設内などとの調整があります（**図表2-21**参照）。

①入居者・家族とのかかわり

入居前の面談や契約手続き、退居の際の手続きがあります。また、入居後の生活状況やケアの状況についての把握も行います。家族との関係においても、入居前に初めてかかわる立場にあるため、特に入居当初は窓口となる場合が多くあります。

②介護保険手続きなどの行政とのかかわり

介護保険に関する各種申請手続きを行います。介護保険の減免申請などについては、家族が制度についての情報を持っていない場合もありますので、さまざまな制度についていち早く情報収集し、家族への情報発信、希望に応じて申請代行を行っています。

③施設職員とのかかわり

施設内での役割としては、職員個々の心身の状態や業務状況の把握のもと、面談や研修などのフォローアップを計画的に実施しています。仕事の枠を越えた相談を受けることもありますが、公私にわたる心配事などを軽減し万全の状態で仕事をしてもらうためには、とても重要なことです。入居者・家族と職員間の調整として、職員が行うケアの実状を把握し、入居者や家族の意向に沿い、満足して

実践編

特別養護老人ホーム
杜の里

図表2-21　入居のプロセスと生活相談員の業務

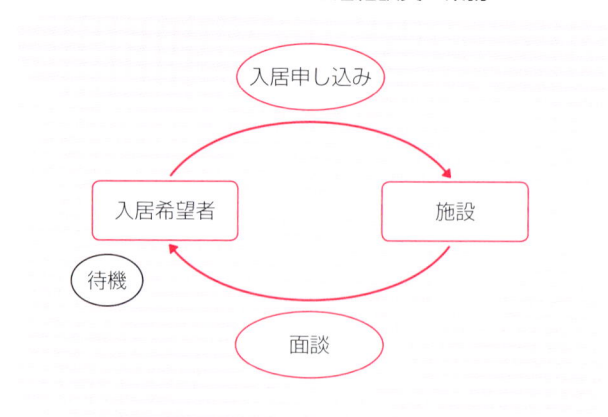

入居申し込み
入居希望者
施設
待機
面談

生活相談員の業務
- 入居待機判定会議
- 面談の報告、入居判定（多職種で検討）
- 入居契約
- 入居後の生活の把握

もらえるサービス提供が実施されているかを確認、支援しています。

④施設内の調整

　職員間の円滑な連携についても調整役となる場合があります。特に多職種間では、その専門性ゆえに各々の主張があるために連携が取りにくくなる場合があります。各職種の専門性を十分に活かしつつ協働することで、チームとして良い支援ができることを、会議や勉強会を通じて伝えます。その際に大切なことは、法人の理念や施設理念を基本とし、それをわかりやすく伝えることです。

　杜の里では、①私たちは入居者様の「笑顔」「その人らしさ」「暮らし」を大切にしていきます、②「入居者様一人ひとりに」「スタッフに」「地域の方々に」心のつながりを大切にしていきます、という2つの理念があり、各種研修や会議の冒頭で確認し、チームとしての共通認識にしています。表面上に見える課題だけでなく、話し合うべき解決策の根底にある目的や意義をチームの共通理解にすることが必要です。

　場面に応じてわかりやすく理念を伝え、チームとして目指すべきところがどこなのか、何をすべきなのかを検討するための調整役となっています。

生活相談員に求められるスキルと視点

　前述の役割を担う生活相談員として必要なスキルとしては、まずは「幅広い情報をもち、かつその情報を活かすこと」が挙げられます。

　情報を活かす場面としては、入居者・家族との面談や職員間のカンファレンスなど、相談援助の場面があります。

　相談援助では、入居者や家族からの相談を受けて、ニーズを把握します。次に、多職種でのカンファレンスを通じて、サービス提供をマネジメントしていくことで、ニーズを入居者の生活に反映します。相談援助には、人と人とのかかわりを円滑にするコミュニケーション技術が必要です。

　入居者や家族とのかかわり、行政とのかかわり、職員間の調整をする立場にあるため、介護技術にかかわる基本的な知識・代表的な疾患についての情報や感染予防等の医療的知識をもつ必要もあります。介護保険に関する新情報や各種制度の概要についても常にアンテナを張り、積極的に情報を得るようにしています。入居者との面談やカンファレンスの場面では、そういった知識や情報をもとに、本人や環境について「アセスメントする能力」も必要といえます。また、アセスメントした内容については「内外との連携能力」を発揮して、連携・調整を行います。

　このように施設内外と調節することが役割であるため、相談援助において、「コミュニケーション能力」は、最も必要な資質として挙げられます。はじめから話すことが得意、という人は少ないですし、仮に得意と自覚していても、家族とは苦手、行政とは苦手、など場面により得手不得手があるかもしれません。

　例えば、表情を作ること、話しやすい雰囲気を作ること、相手の想いを汲み取り受け止めること、そこから話を広げること、納得していただけるような話し方をすることなど、直接ケアを行う場面とは違うコミュニケーションが求められます。自身のコミュニケーションを見直し、相手や場に合わせたコミュニケーションを考えることが大切です。

　職員間のコミュニケーションも、働きやすい職場づくりにはとても大切なことです。部署を越えて職員が気持ちよく働いてもらうこ

2章　各専門職の基本的な役割

とで、入居者への良いケアが提供されることを意識しているからです。

　生活相談員がもつべき視点としては、どのようなことがあっても、中立的な立場で客観的に捉えることが必要です。入居者や家族、外部との中間に位置する職種としては、入居者を中心にアセスメントを行い、偏りのない提言を行うことが重要です。

　職員間のやり取りでの視点としては、法人や施設の理念を常に念頭に置き、入居者へのケアが理念から逸脱していないかどうか、理念に基づいて検討されているかを確認することが大切です。

専門職ゆえに陥りやすい落とし穴

　筆者は生活相談員になりたての頃、上司から「生活相談員は外部との窓口になるため、生活相談員の印象が施設の印象につながる」と言われたことがあります。そのため、施設外の相手方に良い印象を与えようと、施設外に目を向け過ぎた言動をしてしまうことがありました。例えば、家族やケアマネジャーの意向をすべて取り入れようとして現場の職員に過度な負担を強いたり、一度は請け負った意向が実際には実現できなかったことがありました。

　高齢者施設においては、入居者本人と家族の意向が同一ではない場合がよくあります。認知症や身体的に重度な障害がある入居者の場合、入居者の隠れた意向よりも、家族の意向ばかりを見てしまう可能性もあります。しかしながら、入居者がその隠れた思いを実現することで幸せな生活を送ることができ、それが家族の幸せにつながるのが高齢者施設の目的です。それを実現するためには幅広い知識や情報をもち、さまざまな角度から入居者中心の視点で考える必要があります。

　施設内の調整に関することでは、現場職員の側に立って"無理なく""難しくなく""短時間で""効率良く"仕事が済むような提案や調整をしてしまうこともあります。そうすることで嫌われずに済む、味方と認識してもらえると考えてしまうのです。

　生活相談員は施設内では組織として上下関係にはなく、同列の関係ですが、仲介をする立ち位置であることから、実際の介護の現場と施設運営を結びつけることに重きを置いてしまうと、現場職員か

ら事務的と感じられることが多いようです。「生活相談員の言動＝施設の指示」と捉えられてしまい、指示ではない「提案」が往々にして「指示」に変わってしまうことがあります。そのように感じられないようにするためには、やはり入居者の暮らしを根拠にした話の展開をすることが必要であり、「私はこう思う」と個人の意見を言う前に、職員の意見を聞く必要があります。さらに、理念を基にして自身の考えを伝えることが良い方法ではないかと考えています。

　生活相談員として、入居者に対しての思いや介護という仕事に対しての個人的な熱い思いをもちつつ、客観的に物事を見る視点をもち、幅広い情報伝える、という意識が必要です。

7 施設長

実践編

社会福祉法人
宮城厚生福祉会

宮城厚生福祉会における施設長の役割

施設長の役割を一言で表現すれば「施設全体のマネジメントとコントロール」です。経営の三要素と言われる「ヒト・モノ・カネ」を活かし、法人理念や施設理念を具現化し、良い施設を目指す「旗振り役」です。

理念を具現化するためには、目的と目標を明確に示す必要があります。目的は理念の具現化です。そして目標は、目的に到達するまでの取り組みの過程になります。その過程を細分管理し、到達点を把握することで、目的にどの程度近づけているのかを確認します。まずは、施設を動かす組織をつくることが重要な役割となります。具体的には、**図表2-22**のとおり①～④の役割があります。

図表2-22　組織をつくる際の施設長の役割

①**施設の組織図の作成**
組織図は施設管理の性格を表現したもの。組織図では組織ラインや機能を明らかにし、ライン上での責任を明確にする。

②**管理機構の構築**
組織構築を行ううえで、組織をマネジメントとコントロールする機能が必要。施設長、事務長、課長などで組織の運営機能をつくり、集団での議論を行い、運営する。

③**総意の構築**
統一した指示がないと、職員は混乱する。組織力を高め、その力を発揮するためには、まず「職責者の総意」の構築を行う。そのうえで組織ラインを使い、施設全体の総意構築の働きかけを行う。

④**意見の言える会議運営**
報告だけの会議、不平不満をぶつける会議にはしない。議題の明確な目的と根拠、具体的な動機づけが重要。会議は施設の方向性を決める重要な決定機関であることを確認する。意見は肯定的なものばかりとは限らないので内容を吟味し、コントロールしていくことも施設長の役割となる。「入居者主体」で議論され、運営されているかを確認する。

組織化は経営や運営で大きな力を発揮します。組織的な動きをつくり出すことができれば、自然と施設全体が動き出します。施設長一人での施設の状況確認と指導は難しいことです。良い方向に向かっているのか、何が課題で閉塞的状況に陥っているのかを、組織ラインを使い情報収集を行います。集団での議論を行い、フィードバックすることが必要です。

　組織化を進めていくと、人事配置等を検討する必要が生じてきます。各種委員会の責任者配置の重要性や適性も見えてきます。介護の質を担保するうえでも、経営的課題を職員に知らせていくうえでも、組織化を進めることによって、一つひとつのことを具体的に確認しながら取り組むことができます。

　入居者への良質なサービスを提供することは当然の責務ですが、職員にとっても意見が言いやすく、働きやすく、スキルアップできる職場環境をつくることも施設長の役割です。

施設長に求められるスキルと視点

コンプライアンスの管理

　施設長は運営と経営を統括管理する役割ですから、福祉施設の任務を理解し、施設が社会的に存続していくための介護関連法令、労働関係系法令等のコンプライアンス管理（法令遵守）は最低限の仕事となります。よって法的知識も必要となります。リスク管理は言うまでもありません。

経営の「見える化」

　経営数値は運営結果を数値化したものと言えます。収入や支出の管理はもとより、経営数値からも課題抽出を行い、職場に問題提起できなければなりません。会計知識を身につけることもその一助になります。赤字でも黒字でも、経営数値の最終責任は施設長や法人にあります。経営結果については、経営資料や統計資料等を職員へ開示し「見える化」することが大事です。収入増加や経費削減に直接かかわるのは職員です。経営意識をもたせることで自覚的取り組みを促し、また評価することもできます。介護保険制度や介護報酬の単価などの知識を教育し、コスト意識をもたせることを通して、

職員に対し成果や費用の「見える化」を進め、経営への理解を深めてもらいます。

　宮城厚生福祉会の施設では、職責者会議や全体職員会議で経営状況を開示し、現況報告を行っています。また入居者、家族にも懇談会等で経営報告や事業報告、事業計画の説明を行い、施設運営への理解をお願いしています。目標も具体的に数値化し設定することで、確認しながら進めることができます。到達点が明確になり、職員の励ましにもなります。

職員間のトラブル対応

　職員間のトラブル対応については、施設長の立ち位置を明確にします。「職種の役割・専門性を尊重」し、公平な立場でのかかわりが必要です。

　どの職種も対入居者との関係、施設職員との関係では、対等であることを確認します。専門性からそのかかわり方が違うだけであり、どの職種にも「入居者主体」の支援であることを理解してもらい、困難発生時には「入居者主体」の議論がされているか確認することが重要です。職員間のコミュニケーションの良し悪しは、入居者へのかかわりにも直接影響します。

　宮城厚生福祉会の施設でも、「入居者不在」の行為がトラブルや困難課題を招く大きな要因になっていました。公平な立場でのかかわりをもつには「個人」を評価するのではなく、実際に行われている職員の「職務や行為」が施設の理念に合致しているかという視点で見ることが大切だと感じます。

困難課題への対応

　一方、職員間の困難課題のなかには、意図的とも思われる事例もあります。特に多職種間の事例では、どちらかの職種が一方的に非難する場合が多く、その対応に苦慮します。施設長としては、混乱を招く職員であっても「退職されたら困るから穏便に済ませたい」という意識が働きます。しかし、このような職員は「入居者主体」の支援から乖離した存在です。施設長として話し合いの場を設け、理念や就業規則等に沿った就労を求めました。そのうえで、管理者としての判断、決断が必要です。職員間の課題にしても、支援のあ

り方にしても、間違いに気づいた時に、職員同士が日常的に意見や問題意識を言い合える職場にし、内部牽制を働かせることも必要です。

ただし、ハラスメントや指示命令に従わない職員には毅然とした対応が必要です。改善の見込みがなければ厳しい対応も必要です。そのような職員は後々問題を起こすことが考えられ、職場を疲弊させ、有能な職員の退職の原因にもなります。

困難課題は職員では解決できず施設長に相談されるので、施設長の権限において解決する以外に方法はありません。施設長はさまざまな場面で判断や決断を求められます。的確な判断を行うためには、情報量を増やしていくことが必要です。その情報を駆使し、アドバイスや指導で済むものか、権限を行使する必要があるかの判断をします。

職員が期待している施設長のリーダーシップは、さまざまな場面での「旗振り役」と「方向性を明確に示す」ことと言えるのではないでしょうか。職員と一緒に「困った」と言っているだけでは何も解決しません。

地域資源の活用

施設長の役割として、「地域」に目を向けていく必要もあります。地域包括ケアシステムの課題もありますが、地域の社会資源を活用する必要があります。町内会、ボランティア組織、民生委員、他事業所、学校、公園、幼稚園、保育所、買い物施設など、入居者の暮らしの充実を考えたとき、地域との連携を抜きにしては考えられません。

活用の方法を考えるとともに、自分の施設も地域の社会資源になる工夫が必要です。地域に向けた介護技術講習会を開催するなど、地域とのかかわりをもつことで施設への理解が深められ、結果として建物形態だけでなく「地域に開かれた施設」として評価されることになります。施設として好評価をもらうことは経営にも大きく貢献し、職員のモチベーションの向上にもつながります。

宮城厚生福祉会の施設では、施設職員が町内会での朝の掃除やお祭りの実行委員として参加し、地域の役割を担う活動を重視しています。また、施設には地域住民も利用できるレストランや売店を設

け、相互の交流が図れるようにしています。

施設長ゆえに陥りやすい落とし穴

　施設長はすべての権限を掌握しますから責任も重くなります。施設長になった場合には、責任の重さから慎重になるのは仕方のないことです。しかし、その慎重さから自分が経験した範囲での運営や判断になりがちです。知識や情報を吸収し、権限委譲などを行い、施設運営していくことが求められます。

　また、権限に頼る運営では、職員との信頼関係に問題が生じます。常に職員との関係性や距離感に配慮し、施設として組織決定したことに自ら意識的、積極的に取り組むことが必要です。

　現在では、介護施設経験者だけではなく、他業種等から直接運営にかかわる事例も少なくありません。介護分野は特別な事業ではありません。他業種での経験を施設の運営に活かす方法や切り口を探すことも必要です。

　また、施設長は「聞く耳」をもつ必要があります。経営数値は重要ですが、一方的に職員に伝えるのではなく、ケアの質や職員の取組みの状況に触れ、意見を聞きながら伝える必要があります。机上の仕事を主に考えがちですが、入居者の暮らしぶりや職員の仕事を実際に見ることで、施設の全体像を把握することもできます。職員をアセスメントし、どうしたら、どんな言葉で職員は動くのかを考える必要もあります。

まとめ

　施設長の役割は多岐に渡ります。社会情勢を把握し、情報を取捨選択し、施設運営に活かしていかなければなりません。経営、運営に関する情報は多くありますが、鵜呑みにせず、自分の施設に合ったものを取り入れていくことで力を発揮します。施設長のビジョンが問われるということです。

　理念を実現するには、ビジョンの共有が必要です。職員に対して何を行うのかを表明し、その時々でともに振り返りを行い、あきらめないで伝え続けることが大切です。

また、施設長は自らも知識を吸収し、知りたいことは職員からも学ぶ姿勢が必要です。職員は施設長の行動や言動一つひとつを評価しています。

　「施設は施設長以上の施設にならない」と言われています。しかし、最初から「施設長の役割を完璧に遂行できる施設長はいない」のです。思いや情報を職員と共有できる職場環境をつくっていく姿勢、その管理者としてのリーダーシップこそが大事です。

第3章
生活の流れから
チームケアを考える

1 認知症のある人の事例①

特別養護老人ホーム第二天神の杜

事例の概要

　Aさんは軽度の認知症ですが、在宅生活では安心・安全に暮らすことが難しいAさんが、施設に入居され自分らしい暮らしを継続した経緯を振り返ってみることで、『どのような専門職のかかわりや連携が必要か』を考えていきたいと思います。

● Aさんの基本情報

フェイスシート

氏名	Aさん
性別	女性
年齢	90歳
要介護度	要介護2　障害高齢者自立度B1　認知症高齢者自立度ⅢA
既往歴	高血圧症、肥満、便秘、アルツハイマー型認知症
家族	33歳の時にご主人を亡くし、2人の子どもがいる。
本人と家族の要望	本人：のんびり田舎で過ごしたい 家族：母のペースで穏やかに暮らしてほしい
生活状況及び入居までの経緯	在宅生活では安心・安全に暮らすことが難しく、次女の介護負担が限界になったために入居。

入居時の状況

食事	主食：米飯　副食：普通食　菜っ葉類：なめらか食　朝主食：パン
排泄	トイレ　（リハビリパンツ使用）
入浴	個浴　（見守り）
活動	移動：つえ歩行　カラオケ・生け花・習字・演奏会に参加
リスク	転倒・誤嚥

既往歴と生活の不都合

アルツハイマー型認知症	・帰りたい（田舎）の訴えが多い ・歩行不安定な状態のつえ歩行 ・日中は、傾眠傾向が多く、夜間は活動的なことがよくある ・夜間、トイレでの転倒が多い ・食事中、飲み込みを忘れ、溜めこんでしまい、むせる
肥満	動きが緩慢、膝への負担が大きい
便秘	排便のコントロールが必要

Aさんの概要

　Aさんは独り暮らしでした。お寺の娘として生まれ育ち、20歳で結婚しました。終戦後に母子相談所で6～7年ほど働き、その後母子寮（現在の母子生活支援施設）の寮母として10数年働き、53歳まで仕事をしていました。

　2002（平成14）年にはアルツハイマー型認知症と診断され、この頃より近くに住むキーパーソンの次女は、朝、昼、夜、就寝前など一日4～5回訪問して、Aさんの食事や排泄、服薬の介助を行っていました。また、Aさんは一人で外出をされることが多く、近くの保育所に行かれることが多かったそうです。近所の方からの連絡で、なんとか無事に帰宅ができていました。戦後、母子及び寡婦福祉の仕事に携わっていた生活歴が、この頃のAさんの行動を重ねて考えることができます。

　また、デイサービスを週に2日、ショートステイを月に6回利用して、在宅生活を続けていました。

入居時の状況

　介護責任者とケアマネジャーがAさんの自宅を訪問して入居前面接を行いました。Aさんの日常生活動作は、見守りがあれば食事もでき、排泄は時折曖昧なところもありますが、一部介助でできる方でした。

　キーパーソンのご主人の両親も当時94歳と84歳という高齢に加え、要介護状態で在宅サービスを利用しながら生活し、週に一度は、K市から2時間かけて支援のために通うことを繰り返していました。

　いわゆる、介護負担の限界を考えた社会的入居のおひとりでした。

　入居前面接の大事なことの一つとして、本人の部屋を見せてもらい*、実際の生活空間の確認をし、本人と家族の了解のもと、暮らしの見取り図に書き込みました。

＊「リロケーション・ダメージ」と言われるように、高齢者などが転居をすることで、急激な環境の変化が起こり、心理的な不安や混乱が高まり、認知症状の悪化にもつながる恐れがある。できるだけ自宅と同じような環境やレイアウトに整えて、環境の変化を最小限にとどめ、本人の安心につなげる。

入居からアセスメント、ケアプラン作成までの流れ

入居時の暫定ケアプランは、入居前面接を行った介護責任者の情報をもとに、食事・清潔・排泄の3点を軸にとらえるとともに、Aさんのペースで生活をしていただき、施設の生活に慣れていただくことから始まりました（**図表3-1**参照）。

課題 下肢筋力の不安定によるずり落ちや転倒事故

アセスメント

● 入居者の課題

入居されて、杖歩行で自由に歩行されていたAさんでしたが、一年が過ぎた頃より、ベッドやソファーからのずり落ちや居室のトイレに行く際の転倒事故が課題になってきました。

● 職員の課題

介護職

一人勤務になる場合、他の居室に入ることもあり、Aさんの見守りは困難です。できるだけ寄り添うようにしていくことを、ユニットミーティングで話し合いました。

看護職

転倒の要因を模索していました。高血圧の既往歴を転倒の要因として視野に入れ、血圧測定や心電図を施行し、医師との連携を取っていました。

施設長

Aさんから転倒事故から得られたヒントを、事故防止・感染予防委員会と連携し、施設全体としてリスク開示するまでには十分に展

図表3-1　入居時の暫定ケアプラン

生活全般の解決すべき課題（ニーズ）	長期目標	短期目標
自分のペースで過ごしたい	安心して食事ができます	自分のペースで食べます
	清潔に過ごせます	気持ちよく入浴して清潔に過ごします
	安全に排泄ができます	トイレでの排泄がスムーズにできます

開できませんでした。

● 結果

　行動制限なくＡさんらしく過ごしてもらうためにも、可能な限り寄り添いを行いました。しかしユニットでは、一人勤務になることがあり、ユニット職員だけの寄り添いには限界が生じました。転倒の要因となるものは他にないか、多職種間で転倒予防についての検討をしていくことが必要となりました。

サービス担当者会議の開催（多職種による検討）

　上記のようにアセスメントをした結果から、ユニット職員だけの対応には限界を感じました。多職種間の協力を図るためサービス担当者会議を開催しました。

● 家族からの情報

　Ａさんは入居の４～５年前から記憶があいまいで、田舎のことをよく話すようになっていたそうです。家族は「母のペースで穏やかに暮らしてほしい」と要望されています。排便については、下剤を服用したことがなく、反対に下痢の時には、胃腸薬を服用したそうです。膝関節痛があり、シップや鎮痛剤を使用したそうです。嗜好については、ビールが好きだったとの情報が得られました。

多職種による検討

■介護職
①トイレに手すりをつけるなど、安全に行ってもらえる工夫が必要ではないか。
②危険個所の点検と補強が必要ではないか。
④夜間は比較的行動されることが多いので、水分補給の状況や排泄パターンを把握してはどうか。
⑤心の安定のために田舎へ里帰りしてお墓参りをしてはどうか。

■看護職
①血圧の状態を確認していくことが必要ではないか。
②膝関節痛の対応が必要ではないか。
③トイレ誘導を行うため、排便コントロールが必要ではないか。

■施設長
①危険な個所の点検と補強が必要ではないか。

■生活相談員
①多職種のかかわりが必要ではないか。
②家族の協力を得てはどうか。

多職種によるアプローチ

■介護職
①排泄のパターンを生活の中から読み取り、排泄のタイミングでトイレ誘導をする。
②自然な排便を促すために、家族にバナナやヨーグルトを持参してもらう。
③転倒予防のため、机の配置の工夫、廊下に間接照明をつける。
④居室にポータブルトイレを置く。
⑤浴衣は裾を踏むことがあるので、転倒防止のためにパジャマの着用を促す。
⑥スリッパの履き方が浅いので、しっかり奥まで履くよう促す。
⑦夜間眠れない時は温かい飲み物などを提供する。
⑧里帰りやお墓参りの企画をして、Aさんのニーズにこたえる。

■看護職
①排便がない時の腹部マッサージなどを介護職と一緒に行い、助言する。
②下剤の調整をする。
③パッドに汚染がみられることから、陰部洗浄など清潔保持に努めるよう介護職に助言する。

■管理栄養士
肥満症ではあるが、できるだけ好きなものをおいしく食べてもらう。

■ケアマネジャー
各専門職からの意見を検証し、ケアプランに反映する。

■生活相談員
①福祉用具の簡易取りつけ手すりを設置する
②福祉用具の選定をユニット職員とともに行い、家族への説明、事業者との折衝を行う。
③里帰りの要望があれば、家族に協力依頼を行う。

■事務所職員
ユニットより要望があれば、企画の送迎・寄り添い支援を行っていく。

図表3-2　入居者の課題と多職種によるアプローチ

入居者の課題　下肢筋力の不安定によるずり落ちや転倒事故

多職種による検討

- 介護職
  ・トイレに安全に行ってもらえる工夫が必要ではないか
  ・手すりを付けてはどうか
- 施設長
  ・危険個所の点検と補強が必要ではないか
- 看護職
  ・トイレ誘導をするため、排便コントロールが必要ではないか
  ・膝関節痛への対応が必要ではないか
- 生活相談員
  ・多職種による工夫が必要ではないか
  ・家族の協力を得てはどうか

多職種によるアプローチ

- 介護職
  ・排泄のパターンを生活の中から読み取り、排泄のタイミングでトイレ誘導をする
  ・転倒予防のため、机の配置の工夫、廊下に間接照明をつける
  ・居室にポータブルトイレを置く
  ・浴衣は裾を踏むことがあるので、転倒防止のためにパジャマの着用を促す
  ・スリッパの履き方が浅いので、しっかり奥まで履くよう促す
- 看護職
  ・排便がない時の腹部マッサージなどを介護職と一緒に行い、助言する
  ・下剤の調整をする
- 生活相談員
  ・福祉用具の簡易取りつけ手すりを設置する
  ・福祉用具の選定をユニット職員とともに行い、家族への説明、事業者との折衝を行う

結果　入居者は…
・トイレの手すりをうまく利用している
・福祉用具の使用による経済的負担の最小化が図れている

実施した結果

　入居当初、就寝時は浴衣でしたが、現在はパジャマで就寝し、夜間に居室から出る際に裾を踏んで転倒するリスクを回避しています。排便のコントロールについては、下剤など内服薬を服用してもらっています。ポータブルトイレの設置については、まれに使用することもありますが、ほとんどトイレにて排泄しています。設置した福祉用具の簡易取りつけ手すりもうまく活用しています。しかし、下肢筋力が低下していることもあり、体調によっては手すりに辿り着くまでに力尽きて座り込みしていまいます。家族へその都度状況を説明し、年齢的な機能低下として受け止めてもらっています。

　また、週に2〜3回程度、夕食時から就寝時までの時間に家族が来訪し、支援してもらっています。下肢筋力の機能維持のため、手引き歩行をAさんの体調に合わせて行っています。里帰りを定期的に実施して、心の安定につなげAさんらしく穏やかに暮らしを継続しています。今後も転倒の恐れは考えられるため、引き続き寄り添い支援を行っていきます。

写真3-1　簡易取りつけ手すりを設置した居室トイレ

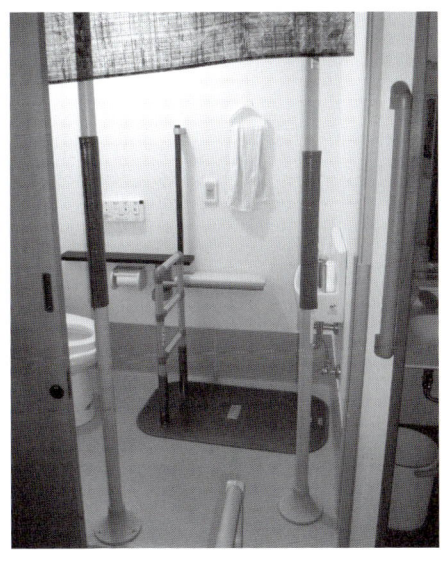

　このように、入居者本人、家族の意思を尊重した上で、ケアプランを作成し目標の設定を行いました（**図表3-3**参照）。

図表3-3　現在のケアプラン

生活全般の解決すべき課題（ニーズ）	長期目標	短期目標
下肢筋力が低下し、転倒が増えてきました。環境を整え自分のペースで無理なくできることは行い、身体機能を維持したい	安心できる場所でのんびり過ごしながら、現在の身体機能が維持できます	休息をとりながら自分のペースで過ごし、できることは続けます
トイレ内での転倒が続いています。安全に排泄ができ、快適に暮らしたい	排泄サポートがうまくいき、清潔に過ごせます	排泄リズムが整い、快適に暮らせます
むせることがある。自分のペースで美味しく食事を摂りたい	自分のペースでおいしく食事が摂れます	無理なく食事が摂れます
自分のペースで栄養バランスのとれた食事を摂り、健康に暮らしたい	自分のペースで食事を摂り、栄養状態を維持できます	・誤嚥を予防しながら食事を負担なく食べることができます ・脱水の予防をすることができます ・健康状態を維持して過ごせます

24Hシートを用いたAさんの1日の生活の流れの把握と、各専門職のかかわり

　生活リズムでは、Aさんの思いを大切にし、自分のペースでできることは自分でしてもらうようにしています。「昔は井戸水で顔を洗い、冷たかった」と口癖のように話しながら、朝は温かいお湯で顔を洗い、化粧水も付けています。義歯を渡すと自分ではめます。ユニット職員はAさんのペースを大事にして、支援をしています（**図表3-4、図表3-5**参照）。

　午後のひと時では、体調の良い時に、生け花、お習字、絵手紙、折り紙などのクラブ活動に参加し、ボランティアやほかの入居者と過ごしています。また、施設内にある喫茶を利用し、ボランティアとおしゃべりすることもあります。

　ユニットで料理する時には、お手伝いをお願いしています。Aさんは包丁を使うことをしっかり覚えていて、職員が苦手とする皮むきなどもとても上手です。

　最近では、食事中にむせることが増えてきました。食事の見守りや声かけ、口腔内の清潔にも専門的な支援が必要となってきました。家族は「母らしく暮らしを続けて欲しい」とのことでしたので、その想いを踏まえたうえで、歯科医師や歯科衛生士の支援を追加しつつ、多職種によるアプローチを実施しました。

課題 むせが多くなった

多職種による検討

■**介護職**
①飲食時には寄り添い、飲み込みを促していく方がいいのではないか。
②水分が不足しているので、好きなビール（ノンアルコールビール）を飲んでもらってはどうか。
③食事の時の姿勢が合っているのか、姿勢保持できているのか。

■**歯科医師**
①嚥下の機能は問題ないが、記憶が途切れ、飲み込みを忘れがちになっているので、サポートが必要である。
②義歯を調整していく。
③歯科衛生士による口腔ケアすれば、口腔内の刺激や清潔保持ができるので、家族の了解を得てほしい。

■**管理栄養士**
①口に入れたまま、飲み込みを忘れているのではないか。
②繊維の多い野菜はソフト食にした方が食べやすいのではないか。

■**生活相談員**
①歯科衛生士による専門的な口腔ケアの必要性を家族に説明し、了解を得る必要がある。

多職種によるアプローチ

■**介護職**
①Aさんのペースで食事されるよう促し、おいしく食べてもらう。
②食後の服薬時に錠剤を落とすことがあるので、薬をスプーンで口まですすめて、しっかり飲むまで確認する。
③食事の時の姿勢保持ができているかを確認する。
④テーブルやいすの高さの調節をする。

■**歯科医師**
むせがあるので、飲み込みの支援や口腔ケアの支援などを助言していく。

■**看護職**
①一緒に食事をしながら、むせの状態を確認する。
②介護職や歯科衛生士と連携し、口腔内の状態把握をしていく。

■**ケアマネジャー**
各専門職からの意見を検証し、ケアプランに反映する。

■**生活相談員**
歯科衛生士による口腔ケアについて、家族の了解を得る。

実施した結果

　テーブルといすの高さに調節をした結果、Aさんの姿勢保持ができきるようになりました。また、食事中に声をかけ、溜め込みがないように促すことで、誤嚥の予防につなげながら、Aさんのペースで

食事をしてもらっています。口腔ケアについては、歯科衛生士の指導・助言のもとユニット職員が行っていることから、口腔内は清潔に保たれています。

その結果、Aさんは食事を毎食完食しています。むせは反射機能

図表3-4 24Hシートでの生活の流れの把握

	生活リズム	意向・好み	自分でできること	サポートすること	備考
職員の視点	本人の思いを大切にする	「帰りたい」 ビールが好き おしゃべりが好き 寝たい	事務所まで行けます	入浴・排泄は一部介助	歩行が不安定 むせこみがある
Aさんの情報	Aさんのペースで行う	「田舎」に帰りたい 甘いもの、ビールが好き	歩行が不安定	薬を落とすことがある	同性介助

図表3-5 Aさんの24Hシート

時間	生活リズム	意向・好み	自分でできること	
8:45	きれいに身だしなみを整える	きれいにします 頭をといてもらうと気持ちいい〜 化粧水をぬります 温かいお湯は「あったかいな」昔は井戸水で冷たかったから	片手で顔をなでるように洗います 入れ歯を入れます	
9:00	朝食を食べる。	パンが食べたい 日によってはお部屋で食べたい 温かい飲み物が飲みたい	自分のペースで食べます	
9:30	薬を飲む。	薬を飲む	口に入れてくれたら飲めます	
10:00	トイレに行きます。	行きたいときに行きます 「おしっこ」「御不浄」「手伝って」 「おこしてー」	自分で行きます	
10:15	ゆっくりします。	自分の落ち着ける場所で過ごしたい 「だるいな〜」 「河合へ帰りたい」 「眠たいわ〜」	自分の行きたいところには自分で行きます	
12:15	お昼ご飯を食べる	何でも食べます ビールが好き	自分のペースで食べます	

が保持していることを把握したうえで、むせがないからと安心せず、今後、機能低下も考えられるため、状況を見極めながら引き続き見守り、声かけの支援を行っていきます。

エンパワメントアプローチ

ある日、夫の両親の介護のため実家に行っている次女からの手紙を渡しました。「返事を書きませんか」と声をかけると、ペンを持って丁寧に返事を書きました。このことで親子の関係性が、いっそう強くなったと考えられます。

また、エンパワメント*アプローチの一環として、ユニット懇談会を開催しています。ユニット懇談会は、ユニットごとに、家族と

> *エンパワメントとは、自分自身の自信を回復し、自らの問題を自ら解決する過程を通して、身体的・心理的・社会的な力を回復していくこと

	サポートの必要なこと	備考
	入れ歯を渡す くしを渡す 顔を洗う声かけを行う タオルをぬるま湯で絞り手渡す 化粧水を塗るように声をかける できない時もあるので、状態にあわせて手伝う	日によってできない時ある 義歯、総入れ歯
	本人の希望する場所で食事してもらう 箸を手渡す 目の届く所に置く ミルクを1分ほどレンジ。600W50秒くらいで温める お茶を飲んでもらうように声をかける 尿が濃く、臭いもきついため、水分を多く飲んでもらう	【食事】 主食：パン 副食：普通食、筋のある野菜はなめらか食 日によっては1時間ほど食事に時間がかかる 水分、食べ物でむせやすくなってきている
	スプーンにのせて口に運ぶ 薬がしっかりと飲めたか口の中を確認する	気付かず、薬を落としていることがあるため注意する
	トイレに行こうと立ち上がるので一緒に行く 歩行時は見守り、手を添える 足元不安定の場合は車いすを使用する トイレに案内する トイレに入っている場合は、パンツを確認し状態により履きかえる スカート、パッチの上げ下げを手伝う お腹、お尻周りをマッサージする 陰部がただれている時は軟膏を塗る	【排泄】 アイテム：おむつ使用 便が出そうな時落ち着かなくなる 下剤　夕食後 未排便2日目から下剤を使用 転倒注意
	歩行時は見守り、手を添えて歩行する 足元不安定の場合は車いすを使用する 茶の間、リビング、部屋前のソファなど好きなところで過ごしてもらえるように声をかける 職員とおしゃべりしたり、音楽を聴いたり、喫茶に誘う 寒くないように膝かけをかける	足元不安定 つえを忘れること多い こたつがお気に入りの場所（冬場）
	本人の希望する場所で食事してもらう。可能ならリビングまできてもらう 座った際、いすをあまり机に近づけないようにする 好みの飲み物（ノンアルコールビールなど）を勧める 箸をわかりやすい場所に置く 尿が濃く、においもきついため、水分補給を強化	【食事】 主食：ご飯 副食：普通食、筋のある野菜はなめらか食 日によっては、1時間ほど食事に時間がかかる 机との距離が近いと、お腹がつっかえ食べづらい 水分、食べ物でむせやすくなってきている

図表3-6　むせの課題に対する多職種のアプローチ

入居者の課題 むせることが多くなってきた

多職種による検討

介護職
・飲食時には寄り添い、飲み込みを促していく方がいいのではないか
・食事の時の姿勢が合っているのか、姿勢保持できているのか

歯科医師
・飲み込みを忘れがちになっているので、サポートが必要である
・義歯を調整していく
・歯科衛生士による口腔ケアにより、口腔内の刺激や清潔保持ができるので、家族の了解を得てほしい

管理栄養士
・口に入れたまま、飲み込みを忘れているのではないか
・繊維の多い野菜はソフト食にした方が食べやすいのではないか

多職種のアプローチ

介護職
・Aさんのペースで食事されるよう促し、おいしく食べてもらう
・姿勢保持の確認、テーブルや椅子の高さの調節をする

歯科衛生士
・飲み込みの支援や口腔ケアの支援などを助言していく

看護職
・一緒に食事をしながら、むせの状態を確認する
・介護職や歯科衛生士と連携し、口腔内の状態把握をしていく

生活相談員
・好きなビールを飲んでもらってはどうか

結果 入居者は…
・誤嚥の予防しながら、自分のペースで食事ができている
・口腔内は清潔に保たれ、食事は毎食完食している。
・むせについては、今後機能低下も考えられるため、引き続き声かけの支援を行う

ユニット職員が集い、年に一度開催している懇談会です。近況だけでなく、入居前の介護の苦労を家族相互や職員で共有することもあります。施設で生活している入居者同士のエピソードを話すと、家族同士のつながりが生まれるなどの効果があります。また施設からは、できるだけ施設に来てもらうことを家族にお願いしています。

Aさんの家族はすぐに対応してくれて、施設と家族が一緒にAさんを支える理想的なスタイルをとることができ、家族の力を引き出せたことを実感しました。

Aさんへのエンパワメントアプローチでは、職員の働きかけで気分のよい時は、自分から職員に話しかけ、意気揚々とした表情がみられ、袖をたくし上げ、食器洗いのお手伝いもしています。Aさんの体調や様子を見て、「やりたい」と思う時に、行事への参加やお手伝いというように、本人が望むように過ごしてもらっています。

家族は、とても熱心かつ協力的で、施設の方針・考えに大きな理解を得ています。2〜3日に1度は、夕食時にきます。食事の見守

りから就寝前の生活支援、そしてベッドに休まれるまで、横で寄り添い、一緒に過ごすことを大切にしています。

　Aさんの次女が趣味で書かれている水彩画を、居室やユニットの廊下に掲示して、在宅から馴染みのある家族の絵画を観て穏やかに過ごしてもらえるよう、家族の協力が得られました。

　さらに、第二天神の杜では、家族の会と施設が共同で作成している機関誌「きずな」を年に4回発行しています。機関誌には、家族しか知りえない情報、私たち職員と出会うまでの出来事などを掲載するコーナーがあります。

　改めて、Aさんの生活歴と家族の思いの確認ができました。現在までの支援の方向性が間違っていなかったという職員の安心と自信につながりました。

　ユニットの企画として、家族と職員が一緒に里帰りしました。故郷の自然の中でAさんが生まれ育った環境を職員が知ることができ、職員も故郷を思い浮かべながら日々の会話につなげていくことができました。現在は、春と秋に2回施設の車で、定期的に里帰りをして、自然豊かな故郷に帰られることで安心につながっているようで、安定した生活を過ごしています。

モニタリングで必要とされる情報と各専門職のかかわり

　介護職をはじめとする各職種は、日々の入居者の情報を共有するとともに、コミュニケーションを密に図っています。また、日常的に多職種がユニットに入ることで、実際に入居者の状態を、目で見て、触れて感じとることができ、それぞれの専門性に応じた視点による助言をケアプラン担当者やユニットリーダーに行うことができ、多職種の知見を反映させたモニタリングにつながっています。

　モニタリングの結果（**図表3-7**参照）を受けて、各職種からの提案は**図表3-8**のとおりです。

　上記のケアの結果、多職種共働によりAさんの暮らしを支えることで、穏やかに自分のペースで生活され、機能の維持につながっていきました。

図表3-7　介護職からのモニタリングの結果

- 行きたいところに歩いて行くことができる。
- 自分の落ち着ける場所で過ごしている。
- 日中は、食事以外は寝ていることが多い。
- その日の様子によるが、職員が声をかけ企画への参加を促していく。
- 朝のトイレ時、寝る前には清拭、パンツを履きかえて清潔にしていく。
- 便が出そうなときは落ち着きがなく、立ち上がる時が多いので、状況を見ながらトイレに誘導してマッサージなどを行っていく。
- 自然排便を促すヨーグルトやバナナを食べてもらう。
- 夜間眠れず起きてきた時には、温かいミルクやおやつなどの意向を確認し、食べてもらう。
- 日中、起きているときには積極的に好きな飲み物で水分を摂ってもらえるようにする。
- 歩行時には寄り添い、夜間も小まめな訪室を引き続き行っていく。
- 帰省の企画を進めていく。

図表3-8　モニタリング結果を受けた各職種からの提案

看護職	排便コントロールが難しく、下剤を減らしていきたいが、便秘が続くと下剤を増やすことがある。今後も様子を見ながら進めていく
管理栄養士	1日の摂取カロリーが1400kcal、たん白質が55gで提供しているが、体重の変動もなく問題ない。むせこみに注意して食べている
生活相談員	福祉用具の簡易取り付け手すりはうまく使われているようで、その後トイレでの転倒はない
ケアマネジャー	専門職からの意見を検証し、ケアプランに反映していく

緊急時における各専門職の連携

　緊急時の対応については、ガイドラインを作成しており、ユニットを含む各部署にファイル保管しています。また、個別の対応方法については、ケアカンファレンスやターミナルケアカンファレンスなどの場において、インフォームド・コンセントを行うことと併せて、本人・家族の意向を確認しています。

　この意向に沿った内容の緊急時の対応を24Hシートにも反映し、すべての職種が共通の認識をもって対応できるようにしています。また、看護職や研修委員会、事故防止・感染予防委員会が中心にな

り、勉強会やシミュレーションを行うことで、全職種のスキルアップを図っています。

　第二天神の杜は、その人の暮らしを支援しています。その暮らしは、居室だけで完結してはいけないと考えます。施設からの外出についてリスクを意識しすぎて、その方の暮らしの継続や縮小につながらないために、施設で外出時の緊急対応マニュアルを作成・説明し、ユニット職員が安心して暮らしを支える仕組みとなっています。

転倒事故と事故発生時の連携事例

　Aさんが居室内で転倒して怪我をされた際には、夜勤の介護職や看護職をはじめ、各職種が迅速かつ円滑に連携をして対応をしました。各職員・職種の主な役割や対応内容は、**図表3-9**とおりです。

図表3-9　Aさんの転倒事故時の各職種の対応

- 夜勤の介護職は、Aさんの対応と他の夜勤者と連携して、看護職と宿直者に報告しました。
- （オンコール＝電話待機の）看護職は、施設に向かってAさんの処置を行い、配置医師に報告しました。
- 宿直者は、生活相談員に報告して、現場対応の支援のためにユニットで待機しました。
- 生活相談員は、施設に向かいAさんの状況確認後、家族へ報告と謝罪を行い、施設長へ報告、その後受診の手続きを行い、家族と受診に同行しました。

　事故後、速やかに多職種で転倒の分析をし、施設長自ら衝撃吸収の補強材などを応急的に対応するなど、施設全体で支援と対策を進めてきました。

　このように、事故により受診となる場合は、時間を問わず家族に連絡しています。入居契約の際には、生活のなかでの事故は瞬間に起こるので、支えきれず転倒されることも理解してもらっています。

　ユニットケアで大切にする「その人の暮らし」を目指して、施設での生活を可能な限り暮らしの継続につながるような支援を心かけ、多職種協働・チームケアで支援を進めることが重要と考えます。

反省と今後の取り組みとして

　介護職からの発信がタイムリーにあり、看護職やケアマネジャー、管理栄養士、生活相談員への相談が多いです。それぞれの分野と立場からアプローチして、本人の暮らしが豊かになるように支援をしています。ただ、転倒のリスクが避けられないことに対して、介護職を中心に頭を抱えています。家族の理解はありますが、本人の痛い思いは避けられません。入居当初から下肢筋力の低下を防ぐために、生活リハビリに加え、家族とリハビリについて、数年先を見据えた提案と相談をしておけばよかったのかもしれません。

　一方、暮らしの支援をしていますので、高齢者の老いの受け止めについても、家族の状況を見ながら見極めていかなければならないと考えます。24Hシートについては現場でかかわる介護職が中心となり、情報が必要な場合には、多職種と検討しています。

　また、職員全員でAさんの暮らしを支えていることは事実ですが、多職種協働として見つめ直してみると、それぞれの専門性が明確に表れていなかったケースもあったのではないかと考えています。

2 認知症のある人の事例②

特別養護老人ホーム望星荘

事例の概要

　Bさんは、夫、長男家族と一緒に暮らしていましたが、2002（平成14）年に夫が死亡し喪失状態となりました。心療内科で「うつ病」と診断され、体重も激減し自力で立てなくなりました。後に意欲低下が顕著に現れ「アルツハイマー型認知症」と診断され、本人、家族ともに専門的な治療を望み、精神科病院へ入院となりました。

　ほどなく症状も落ち着き、退院許可が下りましたが、Bさんは家族に迷惑をかけたくないとの想いが強く2003（平成15）年に、望星荘に入居となりました。

　家族は、いつも身なりに気を遣い社交的だったBさんの認知症によるさまざまな症状に戸惑い、施設入居を決断するにあたり大きな葛藤がありました。

　入居当時は要介護1で、ADLは自立もしくは一部介助の状態でした。職員の声かけ、見守り等で身の回りのことはできていましたが、環境や関係性の変化から情緒的な混乱をまねき、精神的に不安定な日々が続いていました。

　徐々に身体的機能や危険認知能力の低下もあり、転倒による骨折事故を起こしてしまいました。車いすの生活となりましたが、現在でも立ち上がる行為は頻回にみられます。

　職員は、目に見える表面的な行動にとらわれ、内に秘める内面的なことに視点が向いていませんでした。ユニットのスタッフは疲労困憊し、どのようなかかわりをもつべきなのか多職種で検討する必要がありました。

● Bさんの基本情報

フェイスシート

氏名	Bさん
性別	女性
年齢	95歳
要介護度	要介護4 障害高齢者自立度B2 認知症高齢者自立度Ⅳ
既往歴	アルツハイマー型認知症、うつ病
家族	夫とは平成14年に死別。子どもは2人で長男夫婦と同居
本人と家族の要望	【本人】退院許可は出ているが、家に帰ると家族に迷惑をかけるので退院したくない 【家族】就労もあり、家族の身体的・精神的負担が大きく自宅での生活が難しい
生活状況及び入居までの経緯	第一子として生まれる。高等女学校を卒業後、A会社秘書課に勤務。結婚し専業主婦となり、長男・次男をもうけ、長男夫婦と同居する 2002（平成14）年に夫が死亡。精神的ショックから「うつ病」と診断される。体重も10kg減少し、身長148cm・体重35kgとなる。自力で立てなくなり、意欲低下が顕著に現れ「アルツハイマー型認知症」と診断される。専門的治療を望み、精神科へ入院となる

入居時の状況

食事	主食：全粥　副食：軟菜　食事摂取：自立
排泄	日中：トイレ　夜間：ポータブルトイレ、尿取りパッド使用、一部介助
入浴	大浴場（一般浴槽）使用　洗身：一部介助　洗髪：全介助
活動	他者とのかかわりを好まない。身体を動かす行事等には興味を示さない
リスク	過食、異食、不眠、転倒
その他	他入居者間のトラブル

既往歴と生活の不都合

アルツハイマー型認知症	・他の入居者の食べ物を食べる ・汚染物の処理が困難 ・夜間不眠状態あり（夜間せん妄）

入所からアセスメント、ケアプラン作成までの流れ

　Bさんは不安を多く抱いており、日中はほとんど居室のベッドで横になっていました。家族が来るのを楽しみにしており、家族が持ってきた食べ物を一度に食べていました。夜間は排泄の心配も加わり、眠れない日々が続いていました。

また、他の入居者のテレビの音に敏感となり、部屋へ入ってはテレビのスイッチを勝手に消すという行為も目立っていました。

　Bさんと同様に職員も場当たり的なケアで困惑し、ストレスが溜まっていました。そこで、Bさんの現状のアセスメントを行いました。

アセスメント

課題Ⅰ　食事（間食）

● **入居者の課題**

　Bさんは、リビングの冷蔵庫を頻回に開け、他の入居者の食べ物やユニットのジャムを手で食べる、また他の入居者の物を口にするという行為がみられました。居室では、家族が持ってきたみかんを一度に一箱、キャラメルを大量に食べていました。この頃の体重は入居時の46.0kgから53.0kgと、半年間で7.0kgの増加となり、コレステロール値も上昇していました。

● **職員の課題**

介護職

　ユニットの介護職は、Bさんの行動に困惑し、行動を阻止する対策をとりました。具体的には、リビングの冷蔵庫が開けられないようにいすを置きました。それでも開けてしまうため、冷蔵庫の中を空にしました。

　また、食事中はBさんに対して集中的に見守りを強化し、他の入居者の食事に手を出そうとすると、「だめですよ！」と強い口調で声をかけ、日常的に余裕がない態度を露わにしてしまいました。

看護職

　看護職は、多量に食べるなど食に対する執着のみに着目し、精神科医へ相談しました。医療的管理だけに重点を置き、Bさんの承諾も得ず、みかんは1日1個、キャラメルは3粒にして、残りは預かることにしました。

栄養士

　栄養士は一日の摂取カロリーを計算しているため、3食の食事をしっかりと食べることが最優先で、体重管理が大切であるという考えでした。入居者の体格や活動量を考慮することなく、厨房から全

員同じ量の食事を提供していました。

　介護職はもちろんのこと看護職、栄養士も管理することだけに集中しており、Bさんの想いに寄り添うことができていませんでした。

●結果

　Bさんは、食べ物の制限がかかり始めると「何かちょうだい」と言い続けました。ユニットの冷蔵庫に何も入っていないため、他の入居者の部屋にある冷蔵庫を開けるようになりました。入居者が部屋にいない間に勝手に飲料を飲んだり、仏壇にお供えしていたバナナを食べるという行為もあり、入居者間のトラブルへと発展しました。リビングにあるウエットティッシュを全部引っ張り出し、茶筒のお茶の葉を食べるなど、かなりのストレスが溜まっていました。

　そこで、みかんとキャラメルの量を制限することを家族へ説明しました。

●家族の想い

　家族は、Bさんの好きなものに制限がかかることに落胆していました。「基本的には母の望む通りにしてあげたいが、それが無理なこともよくわかる。それにより糖尿病などの病気が発生したとしても仕方がないと考えている」という返答がありました。

課題Ⅱ　排泄

●入居者の課題

　尿意があいまいとなり、また排泄に関する一連の動作も困難となり排泄の失敗が多くなりました。それによりパッドの交換が頻回になりました。

●職員の課題

介護職

　介護職はベッドの周囲に放置してある使用済みパッドを見つけると「捨てますよ」と強制的に破棄していました。排泄ケアは全入居者を同じ時間に誘導し、出たのか出なかったのか"排泄チェック"は形式的にはしていたものの、Bさんの排泄のタイミングはデータを取ることもなく、全くつかんでいませんでした。

　そのため、いわゆる後追いケアとなり、後始末に追われていました。排泄用品の知識もなく、パッドの種類も数種類しか準備していませんでした。夜間も一斉一律の定時でのトイレ誘導をするのが施

設の決まりとなっていました。

看護職

　看護職は排便に関する意識は持っていました。Bさんは自分でトイレに行くこともあり、排泄チェック表の記載漏れから正確さに乏しく、介護職に対してしっかりと排便の確認をするように常に注意をしていました。

● 結果

　Bさんは汚染したパッドをどう処理していいのか分からず、自尊心からクローゼットの中に入れるなど、さらに居室内の環境面が保たれなくなりました。職員が処分することを強く促すと、頑なに拒否し、苛立ちが顕著に現れていました。

課題Ⅲ　睡眠（転倒）

● 入居者の課題

　夜間せん妄の症状もあり、怖い夢を見ることで恐怖に怯えていました。反面、気分が高揚して活動的になり、ひとりで会話をするなどの光景もたびたびありました。また、排泄の心配も加わり、夜間眠れない状態が続いていました。

● 職員の課題

介護職

　夜間は2時間ごとの巡視を業務として行っており、それが要因となり安眠の妨げにもなっていました。夜間の様子について、職員間で確認するような機会を設ける体制も整わず、職員によって危険度の認識も異なっていました。

　また、日中の活動に対するアプローチも、拒否をされるという理由から不足していました。そもそも、Bさんがどのようなことに興味や関心があるのか、職員間での把握ができていませんでした。

看護職

　看護職は「夜間の活発な行動がケアのあり方で補えることがないか」など介護職にアドバイスをすることもなく、気分が高揚して困るという状況を精神科医へ報告していました。

● 結果

　定時の排泄ケアと巡視から目を覚ますこともありました。気分の高揚は持続し、夜間、転倒による骨折事故が発生しました。

図表3-10　Bさんの課題と多職種によるアプローチ

入居者の課題Ⅰ　過食・異食がある

看護職・医師：入居前に担当していた精神科医に相談
→ 介護職・看護職・栄養士：みかんは1日1個、キャラメルは3粒と量を制限

結果　入居者は…
「何かちょうだい」とストレスを溜め、他者の物を食べる

入居者の課題Ⅱ　尿意が曖昧で排泄に関する一連の動作が困難である

介護職：排泄ケアを全入居者一律に行っていた。排泄チェックも形式的でBさんの排泄のタイミングをつかんでいなかった
→ 看護師：排便の間隔のみを意識をしており、下剤で調整

結果　入居者は…
どう処理していいかわからず、パッドを隠していた

入居者の課題Ⅲ　夜間不眠状態が続き、身体の機能低下がある

介護職：一斉に定時の巡視をしていた。情報共有が出来ていなくリスクに対する認識がない。日中の関わりが不足していた
→ 看護職・医師：気分の高揚があり活動的になる状況を精神科医へ報告　介護職へケアのアドバイスはない

結果　入居者は…
転倒による骨折事故が発生した

サービス担当者会議の開催

　上記のようにアセスメントをした結果から、ユニット職員だけの対応には限界を感じました。多職種間の協力を図る必要があり、施設長をはじめ家族を交えたサービス担当者会議を開催しました。

課題Ⅰ　食事（間食）

　リビングのテーブルにある筒型のウエットティッシュをBさんがひっきりなしに引っ張り出し、また茶筒に入っているお茶を食べるという行為について、家族から次のような情報が取れました。

●家族からの情報

　元気なとき、お菓子を茶筒の中に入れていた。家族が家を出たあと10時頃になると一人で茶筒に入れているお菓子を食べ、お茶を飲んでいた。

多職種の協力とアプローチ

■介護職
①食べ過ぎに注意しながらも、購入する楽しみをもってもらう。
②本人の食べたい時に茶筒に入ったお菓子を出す。
③異食を防ぐためにウエットティッシュは箱型から筒状へ変更する。

■看護職
①咀嚼、嚥下状態を確認し誤嚥を防ぐために近くで様子をみる。
②食事摂取量を把握し、体重の変化を引き続き観察していく。
③お菓子は硬いものは避け、必ず飲み物を用意する。

■栄養士
①基本は1400kcalで提供する。歯がないため、咀嚼状態を確認し、食形態を「なめらか食」に変更する。
②購入した物を食べたときは、食事の量で調整する。
③売店などで購入した物は賞味期限など衛生管理に気をつける。

課題II　排泄

多職種の協力とアプローチ

■介護職
①排泄のタイミングを把握するために2週間排泄のデータを取り、排泄パターンに沿ったトイレ誘導、パッド交換を行うことで汚染を防ぎ、不快な思いを取り除く。
②ユニットミーティングで排泄ケアの詳細な手順を具現化し、ケアの統一を図る。
③排泄用品の知識を得るために外部事業者に勉強会を開催してもらい、Bさんに合った快適な排泄用品を選定する。夜間は安眠を妨げないように、外から交換のタイミングがわかる製品を使用する。

■看護職
①排便の形状、間隔を把握し、担当内科医と相談しながら下剤の調整をする。
②排泄は食事の形態や量、水分が密接に関係するため、食事と結び付けて考える。
③スキントラブルがないように排泄後の清潔を保つ。

課題Ⅲ　睡眠（転倒）

多職種の協力とアプローチ

■介護職
①夜間眠っている時は、居室ドアを少し開けて様子を伺う。
②気分が高揚しているときは声をかけ、希望を聞きリビングで過ごす。
③日中の活動として興味を示すことに働きかけ、買い物や散歩を楽しんでもらう。

■看護職
①不眠時は居室へ行く回数を増やし、転倒事故に注意する。
②起床が困難な時は無理に起こさない。
③睡眠の状況を確認し、精神科医と連携を密にし、指示を仰ぐ。

ケアプランの作成

このように、本人、家族の意思を尊重した上でケアマネジャーがケアプランを作成し、目標の設定を行いました（**図表3-11**、**図表3-12**参照）。

目標
1、生活の中で楽しみが見出せます。（音楽・散歩・喫茶店等）
2、自分のペースでおいしく必要量を食べることができます。
3、尿汚染（パッド汚染）が少なくなります。
4、車いす、ベッドからの立ち上がりによる転倒に注意し、生活のリズムを整えます。

図表3-11　施設サービス計画書（1）の概要

要介護者等及び家族の介護に対する意向	本人：自分のペースで楽しく生活していきたい。 　　　自分のペースで、好きな時においしく、食事・おやつを楽しみたい。 　　　トイレでの清潔な排泄を続けていきたい。 　　　夜はぐっすりと眠り、転倒しないようにしていきたい。 家族：他の入居者に迷惑がかからない程度に、本人のペースでの生活をサポートしてほしい。 　　　家族としても、できることは協力していきたい。
総合的な援助の方針	①訴えや行動を傾聴、受容し、他の入居者とのトラブルを未然に防ぎます。 　本人が興味や関心を示すことをきっかけにして、気分転換を図ります。 ②本人のペースで、おいしく、食事・おやつ等を楽しめるように支援します。 ③適時の清潔な排泄を支援します。 ④転倒に注意しながら、夜間の睡眠を確保できるように支援します。

図表3-12　施設サービス計画書（2）の概要

課題	長期目標	短期目標	援助内容	頻度	行動計画	担当者
1 自分のペースで楽しく生活していきたい	ストレスなく、安心した生活が送れます	生活のなかで、楽しみが見出せます（音楽・散歩・喫茶店など）	①訴えや行動を傾聴、受容し支援します	毎日	(1)話す機会を多くもち、思いを傾聴する。事務所や他ユニットへ誘う	介護職 事務所
				適宜	(2)状況観察（不眠、食欲不振など）精神科医と連携を密にし、内服の調整などを行う	看護職 精神科医
			②本人が興味関心を示すことをきっかけに、気分転換を図ります	適宜	(1)テラスや施設周囲を散歩する。喫茶店、パン屋、売店、たい焼き屋などへ行く声かけをし、自分で買い物することを楽しみにしてもらう	介護職 栄養職 看護職
				面会時	(2)面会時は居室でゆっくり話ができるように、家族と過ごす機会をつくっていく	家族
2 自分のペースで、好きな時間においしく食事・おやつ等を楽しみたい	喫茶店、売店を楽しめます	自分のペースで、おいしく必要量を食べることができます	①本人のペースで、おいしく、食事・おやつなどを楽しめるよう支援します	毎日	(1)ご飯(粥)に味をつける。ふりかけ、佃煮等で工夫をする。義歯を入れないため、誤嚥に注意する	介護職 栄養職 看護職
				適宜	(2)売店には職員が付き添う。購入した菓子、ジュース等はユニットで預かり、希望時に出す	介護職 栄養職 看護職
3 トイレでの清潔な排泄を続けていきたい	失敗することなくトイレで排泄できます	尿汚染（パッド汚染）が少なくなります	①適時の清潔な排泄を支援します	毎日	(1)本人の訴え時または、排泄パターンに沿った適時のトイレ誘導を行う	介護職 看護職
				毎日	(2)パッド汚染時は、洗浄機能つき便座の使用や陰部洗浄を行い、陰部、臀部の清潔を保つ	介護職 看護職
				毎日	(3)夜間は、適時のパッド交換を行う（安眠を妨げないように）	介護職
4 転倒に注意しながら、夜間はぐっすり眠りたい	夜間はぐっすり眠れるようになります	車いす、ベッドからの立ち上がりによる転倒に注意します	①転倒を予測した見守りを行います	適宜	(1)ベッドから起き上がり歩こうとするため、コールマット反応時は素早く対応する。（コールマットの設置位置、スイッチの確認）	介護職 看護職 事務所
				適宜	(2)車いすからの立ち上がり、浅く座ることによる滑落に注意する	介護職
		生活のリズムを整えます	②メリハリのある生活を支援します	毎日	(1)リビング等でのテレビの観賞・雑誌・新聞、他入居者・職員との会話の機会をつくる	介護職 看護職 事務所
				適宜	(2)ユニットでの見守りが難しい時は、事務所にお誘いし、お茶やお菓子を出し、会話をする	

24Hシートを用いたBさんの1日の生活の流れの把握と、各専門職のかかわり

　Bさんが「これから、どのように暮らしたいのか」一日24時間の暮らし方を時系列でしっかりと捉える事が重要ではないかと考えました。

　本人、家族が望む暮らしを継続するためには、何が必要で何を大

図表3-13　Bさんの24Hシート

時間	生活リズム	意向・好み	自分でできること	
0:00	パッドを替える	・きれいにしてほしい ※眠っている時は替えないでほしい	・お尻を浮かせる ・身体の向きを変える	
8:00 〜 10:00	目が覚める パッドを替える ベッドから起きる	・朝は気持ちよく起きたい	・「おはよう」と言う ・お尻を浮かせる ・介助用手すりを右手で持ち起きる ・左手で車いすの肘置きを持ち、立ち上がる ・2歩足を動かし、車いすへ移る ・深く腰かけ直す	
	洋服に着替える	・動きやすい服がいい ・締め付けない服がいい	・「これにする」と指さす ・袖・頭を通す ・職員の腰を持ち、立つ ・足を通す	
	カーテンを開ける	・カーテンを開けてほしい ※眠い時は起こさないで寝せていてほしい(家族希望)		
	顔を拭く	・温かいタオルで顔を拭きたい ・手を洗いたい	・タオルで顔を拭く ・手を洗う	
	髪を整える	・髪をとかしたい ・手伝ってほしい	・くしで髪を整える ・「して」と言う	
	朝食を食べる (全粥・なめらか食)	・早めに食べたい ・熱いのは苦手 ・入れ歯は嫌 ・エプロンはしたくない ・ふりかけ、佃煮は好き ・固いものは食べたくない ・牛乳は冷たいのがいい ※きれいにしてあげたい (家族希望)	・スプーンで食べる ・ふりかけを「かけて」と言う ・牛乳を飲む ・味が口に合わない時や飲み込めない時は吐き出す	
	朝食後の薬を飲む		・スプーンを持ち薬を飲む ・白湯を飲み「飲んだよ」と教える	
11:00	リビングでお菓子を食べる 買い物に行く 売店(水曜日) パン屋(木曜日) たい焼き たこ焼き	・食べたい時にすぐに茶筒お菓子を出してほしい ・家族に持ってきてほしい ・バナナ、お菓子、佃煮ジュースを買いたい ・あんぱんが好き ・甘いコーヒーがいい	・「何かちょうだい」と言う ・お菓子の袋を開けて食べる ・開けられない時は「開けて」と言う ・職員と一緒に財布を取る ・財布からお金を出し支払う ・「あんたがして」と職員に言う	
11:30	トイレに行く		・手すりを持って、立つ ・2、3歩移動し便座に座る ・「出たよ」「もう出らん」と言う ・トイレットペーパーで拭き、捨てる ・手すりを持って、立つ ・右手で手すり、左手で車いすの肘置きを持ち、2、3歩移動し座る ・深く腰掛け直す ・手を洗いハンドペーパーで拭く	

	サポートの必要なこと	気をつけること
	【排泄】 ①ドアを少し開け部屋の様子を伺う　※眠っている時は入らない ②「パッド確認しますね」と声をかける ③ズボンを下ろし交換する ④「向こうを向いてもらっていいですか」と声をかけズボンを上げる ⑤布団をかけコールマットを踏み、スイッチが入っているか確認する ⑥マットはベッド平行に足先がかかる位置に置く ※不眠時は「起きられますか」と離床の希望を聞き、リビングで過ごす	■不眠の時は ・部屋へ行く回数を増やす ・ベッドからの滑落、転倒事故に注意する ・車いす・リビングのソファで過ごす
	【起床・移乗】 ①「起きられますか」と声をかける ②ベッド上でパッドを確認、交換する ③起き上がれない時は背中を支えて起こす ④車いすをベッド斜めにつける ⑤「こちらに移りましょか」と声をかける ⑥車いすの後ろに立ち、お尻に手を添える ⑦立てない時は正面に立ち、職員の身体をもってもらう ⑧両脇の下に腕を入れ抱えるようにして、車いすに移る	■朝はふらつきが強いため、転倒しないように離れない ■寝むれない日は車いすから立ち上がることが多いため、近くで様子を見る
	【更衣】 ①洋服を2着ほどタンスから出し、選んでもらう ②「着替えましょうか」と声をかける ③パジャマの上を脱ぎ、洋服を着る（ボタン） ④職員の腰を持ち立ってもらい、パジャマの下を脱ぐ ⑤ズボンを着て、全身を整える ⑥靴下・靴を履く ⑦カーテンは「開けますか」と確認して開ける ※眠い時は起こさないようにする ※10時になったら看護職へ報告する	■起床が困難な時は無理をしない ・時間を空けて様子を見に行く ・声をかけてみる ・10時まで起きない時は看護職へ報告
	【整容】 ①「顔を洗いましょうか」と声をかけ、洗面所に移動する ②タオルをお湯で濡らし「顔を拭きましょうか」と手渡す ③目や口の周りを拭く ④手洗いの声をかけ手の平に石鹸をつける ⑤石鹸がとれない時は洗い流す ⑥くしを手渡す ⑦できない時や後方はくしで整える ※石鹸はケースに入れ、洗面所の棚に収納する	■石鹸、歯磨き粉を誤って食べないように注意する ・食前は手を洗い清潔にする
	【食事】 ①リビングへ移動し、車いすをテーブルにつけブレーキをかける ②お茶は氷を2個入れて熱さを調整する ④ご飯（全粥）は茶碗の7分目までよそう ⑤おぼんにおかず（なめらか食）を配膳しそのまま出す ⑥ご飯だけ残っている時は、ふりかけ、佃煮をすすめる ⑦冷たい牛乳を本人のマグカップで出す ※床に捨てた時は滑らないようにすぐに拭き取る ※洋服が汚れた時は、「着替えましょうか」と声をかけて着替える	▲(1400kcal) (全粥・なめらか食) ・歯がないため咀嚼、嚥下状態で食形態を調整する ・摂取状況を見て介助する ■噛めないため、誤嚥しないように近くで様子をみる
	【服薬】 ①白湯をコップに入れ、オブラートゼリーを準備する ②薬袋の「名前、日付、朝食後」確認して薬ケースから取り出す ③薬袋の「名前、日付、朝食後」を声に出し職員2人で確認する ④本人の目の前で薬袋を開ける ⑤錠剤は粉砕し、顆粒と一緒にオブラートゼリーに混ぜる ⑥薬をスプーンにのせ手渡す ⑦白湯の入ったコップを手渡す ⑧薬を飲まれたか口の中を確認する ※10時までに起床せず食事を摂取しない時は看護職へ報告する	■誤薬がないように確認を怠らない ■薬の吐き出しがあるため、確実に飲まれたか確認する ■食事摂取不可の時は服用時間を変更し指示を出す
	【間食】 ・家族から預かったものや、茶筒に入ったお菓子を出す ・お菓子の袋を開けて手渡す ※食べ過ぎる時は「後から食べませんか」と声をかける ①「買い物に行かれますか」と尋ね、財布を取りに部屋へ行く ②やわらかいものを選ぶように声をかける ③支払を頼まれた時は本人の目の前で財布を開け一緒に払う ④リビングや事務所で食べる時は、コーヒー（砂糖2杯）を出す	▲食べ過ぎる時は声をかける 体重(42.8kg) 賞味期限など衛生管理に気をつける ■誤嚥がないように硬いものは避け飲み物を用意する
	【排泄】 ①声かけし、トイレまで誘導し、車いすを便座の斜めにつける ②「ここを持ってください」と手すりを持って立ってもらう ③しっかりと立ち上がったのを確認し、ズボン、下着を下げる ④腰に手を添えながら便座に座る ⑤「お腹に力を入れましょう」と声をかける ⑥洗浄機能つき便座で洗浄する ⑦拭き終わったペーパーは便器に捨てるように声をかける ⑧うまく拭けない時は拭く ⑨終わったことを伝え、手すりを持って立ってもらう ⑩立ち上がりを確認しパッドを当て下着、ズボンを上げる ⑪一度便座に座ってもらい、車いす便座に斜めにつける ⑫「車いすに移りましょう」と声をかけ、腰に手を添え車いすへ移る ⑬車いすを洗面所につけ「手を洗いましょか」と声をかける	■すっきりと出ない時は看護職へ報告 ・排便状態で下剤を調整する ・尿路感染予防のため清潔を保つ

切にしたいのか、その想いを可能にする必要があります。ユニット職員は、自立支援の考えから本人ができることに働きかけ、できない部分をサポートします。「Bさんらしい暮らしを保障する」ための一つのツールとして24Hシートを作成しました。

　ケアプランに示した目標に向かって、一日の流れを書き込み、支援方法の統一、確認を行いました。24Hシートに沿って実施した結果、次のようなことが見えてきました。

実施した結果（モニタリング）

課題Ⅰ　食事（間食）

　介護職だけの判断で極端な制限はせず、看護職や栄養士また担当医との連携で、食べたいときには預かっている物や購入した物を食べてもらいました。日常をいつもそばで見ている周りの入居者も、Bさんのありのままを受け入れはじめ、少しずつ優しい口調に変化してきました。「一緒に食べよう」と話をしながら食べる光景も多くなりました。ウエットティッシュを箱型に変更してからは、引き出す行為は減ってきました。骨折による入院の影響もありましたが、体重は徐々に減少し、コレステロールの値も安定してきました。

　依然として食べ続ける日も多くありますが、全体的な量は減ってきており、ストレスによる心理的な負担は軽減できつつあると考えます（**図表3-13**　Bさんの24Hシート「気を付けること」の項目■と▲の部分参照）。

課題Ⅱ　排泄

　データを根拠に排泄パターンを読み取り、Bさんに合った適切な排泄用品を使用しました。失敗がないわけではありませんが、汚染による不快さは改善の方向に向かっていると思います。不必要なトイレ誘導、パッド交換の見直しで後追いケアは減少し、職員の負担減へとつながっています。ケアのやり方を詳細に可視化し、ユニットミーティングで確認を繰り返すことで、統一したケアができるようになりました。

　しかし、パッドの抜き取りはみられなくなったものの、夜間に排便があると、便を触る行為があり、目が覚めているときはこまめに

図表3-14 課題と多職種連携（ケアプラン作成後）

入居者の課題Ⅰ　過食・異食がある

連携とアプローチ

介護職
① 食べ過ぎに注意し、購入する楽しみをもつ
② 本人の好きな時にお菓子を出す
③ ウエットティッシュを箱型から筒状へ変更する

看護職
① 誤嚥を防ぐために近くで様子をみる
② 食事摂取量の把握、体重の変化を観察する
③ お菓子は硬いものは避け、飲み物を用意する

栄養士
① 1400kcalとして、食形態を「なめらか食」に変更する
② 購入した物と食事の量を調整する
③ 購入した物は衛生管理に気をつける

実施
介護職・看護師・栄養士・担当医：食べたいときに預かっている物や購入した物を食べてもらった

結果　入居者は…
食べ続ける日も多くあるが、全体的な量は減ってきており、ストレスによる心理的な負担は軽減できつつある

入居者の課題Ⅱ　尿意が曖昧で排泄に関する一連の動作が困難である

連携とアプローチ

介護職
① 排泄パターンに沿ったトイレ誘導を行い、汚染を防ぎ、不快な思いを取り除く
② 排泄ケアの詳細な手順を具現化し、ケアの統一を図る
③ 快適な排泄用品を選定する

看護職
① 排便間隔などを把握、担当医と相談し、下剤の調整をする
② 排泄を食事と結び付けて考える
③ スキントラブルがないように排泄後の清潔を保つ

実施
介護職・看護職：データを根拠に排泄パターンを読み取り、適切な排泄用品を使用した

結果　入居者は…
失敗がないわけではないが、汚染による不快さは改善の方向に向かっている

入居者の課題Ⅲ　夜間不眠状態が続き身体的機能低下がある

連携とアプローチ

介護職
① 夜間は、居室ドアを少し開けて様子を伺う
② 気分が高揚しているときは声を掛ける
③ 日中の活動として興味を示すことに働きかけ、楽しんでもらう

看護職
① 不眠時は居室へ行く回数を増やし、転倒事故に注意する
② 起床が困難な時は無理に起こさない
③ 睡眠の状況を確認し、精神科医と連携を密にする

実施
介護職・看護職：転倒を予測した見守り、生活リズムを保つ働きかけを行った

結果　入居者は…
夜中に眠れない日が続くことがあるが、サイクルが少し狭まる傾向にある。夜中は横になることが増えてきた

3章　生活の流れからチームケアを考える

様子を見る必要があります（**図表3-13**　Bさんの24Hシート「気を付けること」の項目■の部分参照）。

課題Ⅲ　睡眠（転倒）

　Bさんは今でも夜中に眠れない日が続くことがありますが、そのサイクルが少し狭まる傾向にあります。夜中は目を覚ましながらもベッドで横になっていることが増えてきました。

　しかし、現在も朝から気分の高揚がみられ、1日中話をしています。また、車いすから立ち上がる行為も頻回にみられます。転倒のリスクは高い状態であり、今後の大きな課題であると認識しています（**図表3-13**　Bさんの24Hシート「気を付けること」の項目■の部分参照）。

モニタリングで必要とされる情報と各専門職のかかわり

　ケアプランを基に24Hシートに沿って支援をしていきますが、各専門職の立場から、何がうまくいって、何がうまくいっていないのか現状を把握する必要があります。その要因がどこにあるのかを分析し、次のプランへと展開していきます。

　車いすから立ち上がるのは「何かをするために、どこかへ行こうとされているのではないか」と捉えています。しかし、会話のなかでBさんの要求をすべて理解することは容易ではなく、まだ模索しているのが現状です。

　人間の生理的欲求である「食べて・出して・寝る」にしっかりと多職種が焦点を合わせ、着目していかなければならないと感じています（**図表3-15**参照）。

生活の楽しみ・地域との交流

　認知症を患い、周囲に自分の想いを適切に伝えられないもどかしさや不安は、計り知れないものがあると想像します。だからこそ私たちは、認知症になっても地域で安心して暮らせる環境を、一人の人間として当たり前に保障するべきだと考えます。

　Bさんは外へ出かけることに身体的な負担があり、外部から販売

図表3-15　Bさんの食事・睡眠に関する多職種の連携

管理栄養士	・身体的機能、食事摂取量、栄養状態など日々の変化に備え、適切な栄養ケア管理をする ・直接Bさんのユニットへ出向いて接する ・身体状況や食事風景を実際に自分の目で見て、またケース記録を読み、咀嚼、嚥下機能を把握する ・ユニット職員、看護職と連携しながら食事形態を変更する必要があるか検討する ・栄養ケア計画に沿って新たな検討材料が発生していないか、体重の変化も視野に入れ、食事の味、量、時間などBさんにふさわしいかという視点で調整を図る ・「おいしく食べてもらう」ために見た目も重視し、「安全で食べやすくおいしい」食事形態や盛付けなどの工夫をする
看護職	・日中の生活を記録等から読み取る ・夜間の睡眠状態をユニット職員に詳しく確認をする ・話をしっかりと傾聴し、一緒に散歩に付き添う ・精神科の担当医と連携を密にし、薬の効能を報告する ・ケアで補えるよう、ユニット職員にアドバイスをする
その他の職員	・Bさんの希望があれば事務所へ散歩に行く ・施設長、事務長など事務所職員、栄養士と会話をしながらお茶を飲み過ごす

に来る売店・喫茶店・パン屋・たい焼き屋・たこ焼き屋などを利用しています。好きなものを自分で選び、お店の方と会話をします。財布から代金を支払って購入し、食べたい時はすぐに食べるという、一般社会では当たり前の生活を送っています。

　主治医の判断を仰ぎながら、施設理念の共有認識のもとで多職種の連携が求められます。施設の方針として「食べる楽しみ」をいつまでももち続けてもらえるよう支援していくことを目指しています。

緊急時における各専門職の連携

　看護職は入居者全員のバイタルの平均値を出しています。それを個人ケース記録に記載し、ユニット職員はすぐに確認できる状態となっています。

　また、ユニットごとに敷地内にある協力病院の内科医師がそれぞれ担当する体制が整っており、きめ細かな指示を仰ぐことができます。

　以前、夜間緊急時の対応についてアンケートを取りました。目的は介護職、看護職がどのようなことに困っているのか把握するためでした。その結果、96％の職員が「困ったことがある」と答えました。漠然と不安を抱いていることを具現化し、「緊急時マニュア

ル」の改正を行いました。

　それぞれが専門的知識を備え、役割を明確にすることで職員自身の安心となり、ひいては入居者の安心につながります。

　適切な緊急時マニュアルがあることで、介護、看護、医師、事務の連携で迅速な対応ができると考え、**図表3-16**のとおり、各専門職間での連携をあらかじめ決めています。

図表3-16　緊急時の各専門職の連携

日勤帯	①第一発見者は異常（事故）の内容、程度、緊急性を把握し、看護職、他職員に伝える ②看護職、他職員は緊急時セットを持って現場へ行く ③看護職は意識の確認、バイタルチェック、心肺蘇生、止血等の応急処置を適切に行う ④看護職は救急車要請、病院受診を判断し連絡する ⑤第一発見者は事務所へ連絡し、事務所職員は施設長、家族へ連絡する
夜間帯	①第一発見者は夜勤責任者へ連絡をする ②第一発見者は看護職へ連絡し救急車要請の判断を仰ぎ、家族へ連絡する ③救急車搬送時は、夜勤者が付き添い、看護職は直接、搬送先の病院へ行く ④受診時は、宿直者運転で協力病院へ行く ※望星荘または、搬送先で亡くなられた場合、夜勤者は介護主任へ連絡→介護主任は施設長へ連絡

おわりに

Bさんの家族の想い
　「私は母が大嫌いでした。息子として食べ散らかす母の姿を見たくありませんでした。辛かったです。どうして母が認知症になってしまったのかと思いました。母はとても美しい人でした。だから、いつもきれいにしてあげたいです。そして、部屋の冷蔵庫をいっぱいにしてあげたいです。母がたくさん食べて命を落としても仕方がないと思っています。しかし、そのようなことでこれ以上望星荘に迷惑を掛けたくはありません。入院になっても仕方がないと思っています」

　Bさんの家族には心痛な想いがありました。家族が認知症になったとき、周囲はどう支えていくのか。限界まで頑張り過ぎてしまう家族が多いなか、一つの選択肢として、多職種が根拠に基づいて運営する"高齢者施設"があります。

施設職員はあらゆる角度から背景を探り、的確なニーズを把握する必要があります。つまり、的確にニーズを把握することができなければ、適切なケアの提供も難しく、地域社会の一員としての自尊心や身体的機能まで奪いかねない結果へとなってしまうのではないかと思います。

　Bさんの"暮らしの継続"をサポートするにあたり、各専門職が正しい知識を身に付け、情報を集約することが最も重要なことだと思います。それが土台となり、多職種協働の仕組みができあがり、チーム力の向上へとつながるのではないでしょうか。

　息子さんが「私は今の母が大好きです。おかげで私たち家族は安心して仕事に行けます。」と笑顔で言っていました。この言葉が"施設の在り方の原点"を投げかけてくれているのかもしれません。

3 意欲低下がみられる人の事例

特別養護老人ホームゆうらく

● Cさんの基本情報

フェイスシート

氏名	Cさん
性別	女性
年齢	95歳
要介護度	要介護4 障害高齢者自立度A2 認知症高齢者自立度ⅢA
既往歴	多発性脳梗塞、高血圧症、糖尿病、緑内障、右大腿骨頸部骨折
家族	息子夫妻
本人と家族の要望	本人は「どうでもよい」と話している。家族の要望は「本人を尊重し、傷つくことがないように言葉かけに配慮してほしい」（長男）
生活状況及び入居までの経緯	長男の嫁が慢性関節リウマチにて介護が困難になってきた ショートステイを利用しながら在宅生活を続けていたが、長男の嫁が入退院を繰り返すようになり施設入居となる

入居時の状況

食事	主食：米飯、副食：普通食
排泄	尿意、便意あり。日中、夜間ともトイレを使用
入浴	個浴（2回／週）　同性介助を希望
活動	歩行器を使用し歩行できる（長距離は車いすを使用）
リスク	下肢筋力が低下傾向のため、転倒に注意が必要である 糖尿病にて低血糖になる可能性がある
その他	短期記憶があいまいである。精神的に不安定になることがあり、帰宅願望やせん妄、見当識障害がみられる 緑内障の手術を受けており、視力はかなり弱く明るいところでぼんやりとしか見えていない状態。したがって、急に身体に触られたり、介助されることを嫌がる 話が好きで、特に昔の話をよくされる。歌も好きである

既往歴と生活の不都合

多発性脳梗塞	認知症。せん妄や見当識障害がまだらにみられ、不穏になり歩き回ることがある
糖尿病	食事量にムラがあり、服薬管理が難しい時があり、低血糖になる可能性がある
緑内障	視力低下が顕著であり、ぼんやりとしか見えないので、移動時にぶつかったり、危険を回避することが難しい。また食事時に食べ物が見えにくく、手探りになることがある
右大腿骨頸部骨折	痛みの訴えあり。靴下や靴を自力で履くことが困難であり、特に靴は自分で履くときに踵を踏んだりして歩行が危険である

事例の概要

Cさんは、入居後、安定して過ごしていましたが、次第に意欲低下がみられたので、多職種間でさまざまな視点からアセスメントを行い、情報共有、連携を図り、できる機能を活かしながら、本人らしく暮らしを継続するために取り組みました。

ケアプラン・24Hシート作成の流れ

入居時には、在宅での暮らしぶり、ショートステイ利用時の情報を、生活リズムを中心に聞き取りしました。ケアプランは暫定的なプランとし、1か月は各専門職のアセスメント期間として作成しました（**図表3-17**、**図表3-18**参照）。

約1か月をかけ、入居時に作成した24Hシートに観察したことや支援の内容を書き込みました（**図表3-21**参照）。

入居後はしばらく落ち着かず、不穏な状態が続き、帰宅願望やせん妄がみられました。また夜間はコールを頻繁に押したり、居室内を歩き回ることがあり、不穏時は目が離せない状態でした。

入居により、環境が大きく変化したため、まずは本人の落ち着ける場所を探すことから始めました。リビングでは、食事時のテーブル、いすで過ごしていましたが、急に立ち上がったり、大きな声で職員を呼ぶ行為がみられたため、リビングでの様子を観察し記録に残すことにしました。すると、「お尻の痛みの訴えがある」「排泄時、臀部に発赤あり」と介護職による記録があり、日中過ごしているいすをソファに変更し、再度様子を観察しました。次第に訴えはなくなり、日中もソファに座ったり、自らソファに横になったり、穏やかに過ごせる時間が多くなりました。なるべく日中は人の気配や様々な音が聞こえるリビングで過ごすことにより、夜間もよく眠れる日が以前より増えました。

もう一つの不穏の原因は便秘にありました。食事量にムラがあり、水分もあまり多く摂取されないため、便秘傾向でした。そこで排便チャート（データ）をとり、下剤の調整を行いました。下剤を服用すると次の日確実に排便がみられるようになり、定期的な排便により不快なく過ごしていました（**図表3-19**参照）。

図表3-17　入居者の意向と援助の方針

入居者および家族の生活に対する意向	本人：「特にない。どうでもよい」と話している。最近視力の低下がみられ、不安を口にすることが増えてきた。「そばにいてほしい」などの発言もあることから、不安な思いをせず、安心して過ごしたいと思っていると考えられる 家族：「本人を尊重し、傷つくことがないように言葉かけに配慮してほしい」
総合的な援助の方針	・ユニットスタッフや他の入居者と関係を深め、Cさんらしく暮らしてもらえるように環境を整え、意向を尊重して日々過ごしてもらえるよう援助する ・食事や運動から現在の機能を維持し、できるだけ自立した生活を送れるように支援する。食事量にムラがあるので、本人確認のうえ、他職種（看護職、管理栄養士）と連携を図りながら栄養管理・健康管理を行っていきます ・視力低下に伴い、不安な思いをせず、に安心できる対応と、転倒などの危険がないように配慮します

図表3-18　入居時のケアプラン

生活全般の解決すべき課題（ニーズ）	長期目標	短期目標
視力低下や健康面での不安はあるが、体調を整え安定した生活を送りたい	体調を整えながら、現在の状態を維持できる	・異常の早期発見・対応ができる ・偏食が多いが、栄養管理を受けながら、体調を維持できる
自分でできることは行い、自分らしく過ごす	今までの暮らしぶりを維持できる	・日々の生活に自分なりの役割を持って過ごすことができる ・精神的に落ち着き、穏やかに生活できる
尿意・便意が曖昧になっているので、失敗しないように見守ってほしい	排泄動作については、本人ができることは継続できる	・失禁を予防できる ・排便の確認を行い、適切な下剤を使用し、不快なく排泄できる
歩行器を使用し、転倒することなく歩きたい	歩く機会を増やし、下肢筋力低下を防ぐ	歩行器を使用し、安全に歩行できる

図表3-19　Cさんの課題と多職種によるアプローチ（入居時）

入居者の課題：不穏な状態が続き、帰宅願望、せん妄がある

介護職
・リビングでの様子を記録にする
・不穏の原因として、食事量や水分にムラがあるため便秘傾向にある。

→ 介護職・看護職：排便チャート・下剤の調整

結果　入居者は…
・定期的な排便がみられるようになった
・穏やかに過ごす時間が多くなった

状態の変化に伴い24Hシートの更新、チームケアについて

入居後、健康面は安定しており、多職種で連携する必要性をあまり必要に感じていませんでした。しかし、入居して半年が過ぎる頃、次第に状態に変化が出てきました（**図表3-20**参照）。

課題I 食欲が低下し、ソファで横になって過ごすことが多くなる

体調面にあまり変化はありませんでしたが、以前に比べソファで横になっていることが多くみられるようになりました。少しでも身体を動かすように促しを行いましたが「大儀」と言われることが増えました。なるべく自分でできることはしてもらうように促しますが、「手伝って」と介助を希望されることもあります。

また食事量が減少し、以前は好き嫌いがあるものの主食は全量、副食については必ず1品は食べていましたが、副食を1口程度しか食べない日が続きました。水分も400〜600mlと少ない日もありました。

排泄は動きがないため、間に合わずに失禁となることも増えてきました。早めに声をかけますが、「今はいい」と言い、行かないことがあります。食事量、水分量とも減少し便秘傾向となり、下剤を使用する頻度も増えました。

【多職種によるアプローチ】
①「なぜ食べられなくなったか」（歯科衛生士・管理栄養士）

もともと、食事摂取量にムラがありましたが、体重の減少はありませんでした。しかし、主食はほとんど全量食べていましたが、副

図表3-20　入居者と職員の課題（入居して半年後）

入居者の課題	・食事摂取量や水分量にムラがあり副食をあまり食べられない→体重の減少 ・次第に動くことが億劫になり、座ったり、横になったりすることが多くなる ・視力低下があり、ぼんやりとしか見えないので、いろいろな場面で不安がある
職員の課題	・食事量や水分量にムラがあり、介助は拒否をされるため、なかなか摂取してもらえない

図表3-21　Cさんの24Hシート

時間	生活リズム	意向・好み	自分でできること	
7:00〜7:30	目覚める	朝になったら声をかけて起こしてほしい	意向を伝えることができる	
	昼着に着替える		服を着替えることができる 靴を履くことができる	
	トイレに行く	目が見えにくいので、動作の前はわかりやすく声をかけてほしい お尻を洗う時、お湯の温度に気をつけてほしい（熱くなく、ぬるくなく）	トイレまで歩いていく	
	洗面する	水は嫌なので、お湯を出してほしい	自分で顔を洗う、拭く、うがいをする	
7:30〜8:00	リビングに行く		リビングまで歩行器を使って歩いて行くことができる	
	テーブルにつきお茶を飲む	温かいお茶が飲みたい	手が届けば自分でお茶を飲むことができる	
8:00〜9:00	朝ごはんを食べる	・梅干し、たくわんが好き ・準備ができたら食べていいと声をかけてほしい ・冷たい物、酸っぱい物は嫌い ・副食は食べたくないときがある	自分で食べることができる	
19:00〜21:00	居室に帰るか、リビングで過ごす	【歯磨き】 入れ歯は寝ているときもつけておきたい	居室まで歩く	
21:30	就寝	・居室の電灯は消さないでほしい ・夜間のことが心配になることがある	不安を訴える	
21:30〜7:00		夜間眠れない時は話を聞いてほしい		

＜特記事項＞
- 緑内障により、視力低下が顕著である。歩行時は椅子等の位置がわかりにくいため注意する。天候や夕方等薄暗い時は見えにくい様子。眼科受診は家族が連れていっている
- 転倒による骨折の既往歴あり、立ち上がり時、足腰の痛みの訴えがあるため、ふらつきもみられる。転倒に注意するとともに、痛みの訴えが強い時は医務、理学療法士に相談、適切な対応を行う
- 現在、糖尿病については加療はしていないが、食事量、水分量はこまめにチェックし、足りない場合は栄養剤を飲んでもらう
- 家に帰りたいと希望することがある。「お嫁様がご病気だから」と話すと納得される

	サポートの必要なこと	留意点
	・起床の声かけ、確認 ・障子を開ける	寒がりなので、冬場は室温に注意する
	・衣類は前後の見分けができにくいため、前後確認して手渡す ・靴下は右足のみ介助を行う ・靴をきちんと履けているか確認する	左大腿骨頸部骨折の既往あり。左は痛みがあり、靴下を履く際介助する 【リスク】 起床時は足腰の痛みの訴えがあり、ふらつくことがあるため、転倒に注意する
	【排泄】 おむつ ・トイレまで歩行の見守りを行う ・トイレの戸を開ける ・ズボンとパンツは自分で降ろすが、不十分な時があるため、介助を行う ・膝にバスタオルをかける ・トイレットペーパーを手渡す ・陰部洗浄実施（丁寧にお湯をかけることを説明する。ウエスで強くこすらない。皮膚状態を観察する。軟膏を塗布する。） ・ズボンとパンツは自分で上げられるが不十分であるため、尿とりパッドを当てて介助を行う	・排泄介助時は羞恥心に配慮し、声かけ等も気を付ける。 ・尾骨部の皮膚の状態を観察する
	・洗面台まで案内する ・タオルを手の届くところに置く ・水道のお湯の温度を確認する ■コップ、義歯を手渡す（義歯安定剤を塗布）	【歯科衛生士】 ■義歯安定剤を塗布する。しっかりと固定させるとの指示あり
	そばで見守りながらリビングに案内する	自分で歩いて行くことができるが、暗かったり、自分のいすがわからないことがあるので注意する
	お茶はあまり好まれないため、コーヒー、ココア、ホットミルクなど好きな飲み物を本人に聞き準備する	手探りでコップを探すことがあるので、声かけを行う
	【食事】 ■主食：粥　副食：なめらか食 ・皿が見えにくいときがあるため、声かけ、セッティングが必要 ・副食は残すことが多く、声かけするか、主食の上に食べやすいように少しずつ置くことが必要 ・食事、水分量のチェックを行い、こまめに声かけを行う	・水分は1,000ml/日を目標とする ・あまり飲まない 【管理栄養士】 ■偏食があり、摂取量が少ない時は補食（煮豆、バナナ）等で対応する。ユニットにストックする。必要時には管理栄養士に報告する
	・歩行時見守りを行う 【口腔ケア】 ・居室に戻られたときに実施 ■義歯洗浄（安定剤をきれいに洗う） 【排泄】おむつ ・トイレの声かけ、案内 ・陰部洗浄・尿汚染していたらパッドを交換 【更衣】朝の更衣時と同様 ・パジャマをたんすから出してた渡す ※リビングで過ごされる場合 　ソファに案内する。様子を見て眠そうになったら居室に案内する	【口腔ケア】 ・義歯は夜もつけてもらう （義歯を外した顔を見られたくない） ・火・金・日は話をして1時間程度、洗浄液につける
	・居室の電灯はつけておく ・何かあったらコールを鳴らすように説明し、コールが手の届くところにあるか確認する ・靴は履きやすい位置に置く ・歩行器の位置にも注意する	【リスク】 夜間一人でトイレに行かれることがあるので、靴と歩行器は自分でできる位置に置く（夜間用の靴を準備） 【精神面】 夜になると昼間より目が見えにくいため、特に不安がられる。すぐそばにいること、何かあったらすぐに来ることを伝える
	・随時様子伺い 【排泄】 ・1:00頃様子を見に訪室し、目が覚めそうであれば、トイレの声かけを行う ・拒否がある時、目が覚めない時は、無理強いせず、様子を観察する	【精神面】 夜間眠れないと頻繁にコールがある、（時に歩き回ることもある）安心して眠れるように声かけをしたり、話をする

3章　生活の流れからチームケアを考える

食をほとんど食べられなくなり、体重も減少しました。そこで、カンファレンスを開催し、「なぜ食べられなくなったか」について情報交換を行いました。

　カンファレンスでは多職種よりさまざまな視点での意見が出ました。動きが少なくなったから、食欲低下につながっているのか。あるいは食欲低下により、活動量が少なくなったのか。介護職からは、最近義歯がよくずれていることがあったり、咀嚼が不十分で、口から出してしまうことがあるとの情報が出ました。

　そこで、歯科衛生士に確認してもらうと、「歯茎が痩せて義歯が合っていない」との評価でした。今の状態では、義歯を作り直すことは困難であるため、義歯安定剤を使用することに加え、食事形態を「主食：粥、副食：なめらか食」に変更することになりました。その内容を24Hシートに記入し共有を図りました（**図表3-21　Cさんの24Hシートの■部分を参照**）。

　結果、以前より食べやすくなり少し食事量も増えましたが、やはりムラがあることには変わりありませんでした。

②「どんなものなら食べられるか」（管理栄養士・家族）

　管理栄養士から、好き嫌いがあるため、どんな副食ならたべられるかとの問い合わせがあり、「金時豆の煮もの」「バナナ」はよく食べると、介護職から情報提供がありました。そこで、金時豆の煮ものを1食分ずつ真空パックにして、冷蔵庫にストックするようにしました。

　副食が進まないとき、ユニットで温めて提供すると、金時豆の煮ものはよく食べました。またバナナも補食として提供しました。高カロリーのジュース等も準備し、摂取量の少ないときに提供しました。また、家族に相談し、Cさんの好きな食べ物を準備してもらうようにしました。その結果、少しずつですが、摂取量が多くなり体重も維持できるようになりました。

③活動について（理学療法士）

　理学療法士とも検討し、積極的なリハビリは困難であるため、個別体操プログラムを作成し直し、本人に負担が少なく、コミュニケーションを図りながらできるストレッチを中心に行うようにしま

図表3-22　Cさんの課題と多職種によるアプローチ（入居から半年後）

入居者の課題Ⅰ　食欲が低下し、ソファで過ごすことが多い

カンファレンス
- 「なぜ食べられなくなったか」
  ⇒最近義歯がずれている
- 「何が食べられるのか」
  ⇒「金時豆の煮もの」「バナナ」はよく食べる
- 動きが少なさが食欲低下につながっている？

歯科衛生士／管理栄養士
- 義歯が合っていないが義歯を作り直すのは困難
- 副菜が食べられていない
→
- 義歯安定剤の使用
- 食事形態を主食：粥、副菜：なめらか食に変更

管理栄養士／家族
- 「金時豆の煮もの」「バナナ」を冷蔵庫でストック
- 家族に好きな食べ物を用意してもらう

理学療法士
- ストレッチ中心の個別体操プログラムを作成

介護職
- 些細な仕草や言動を見逃さず、多職種につなげる
- 視力低下による不安に対しては必ず横に寄り添う

結果　入居者は…
- 少し食事量が増えたが、ムラがあることには変わりはない
- 摂取量が多くなり、体重も維持できるようになった
- 「体操を拒否することもあるが、ゆっくりではあるが、歩行器を使って自分ペースで移動できるようになった

入居者の課題Ⅱ　食事量が低下したにもかかわらず、血糖値が上昇し、内服薬が処方となる

カンファレンス
糖尿病の管理より
- 好きなものを好きなだけたべてもらう
- 摂取量が少ないときは栄養剤を飲んでもらう

看護職／管理栄養士／介護職
- 食事量の記録と情報共有

介護職
- 16時までにトータル水分量が400ml以下であれば看護職に報告

看護職／医師
- 日を追うごとに水分量が低下
  ⇒水分量の最低ラインを設定

結果　入居者は…
1週間に1回の頻度で点滴を行った

した。
　最初は理学療法士から指導を受け、本人の表情、言動などを観察しながらゆっくり行うこと、無理強いはしないことなどの伝達を受けました。個別体操を再開した当初は笑顔で職員と一緒に体操していましたが、1か月を過ぎる頃には拒否をされることも増えてきま

した。それでも、歩行器を使用し、ゆっくりではあるものの自分のペースで好きな場所へ移動できていまいした。

④介護職にできること

　介護職としては、常にいつもそばにいるので、どんな些細なしぐさや言動等を見逃すことなく気づきにつなげ、それを他の専門職につなげることが必要です。そして、入居者の心に寄り添えるのも介護職としての役割でした。視力低下に伴う不安が大きく、いつも「そばにおってよ」「教えてよ」と不安そうに言われるときには、必ず横に座りスキンシップを図りながら昔の話をしたり、歌を唄ったりすることで、少しでも笑顔が増え穏やかに過ごされるようにかかわりをもちました。

課題Ⅱ 食事量が低下したにもかかわらず、血糖値が上昇し、内服薬が処方となる

　糖尿病の既往があるため、定期的に医師の指示にて検査を実施していましたが、突然血糖値が上昇し、内服薬が処方されました。相変わらず食事量にムラがあったため、低血糖のリスクもあり服薬するべきか、その都度看護職に相談し、服薬介助を行いました。

　水分に添加する甘味料も低カロリーの物を使用する等の工夫も行いました。しかし、水分摂取については拒否があり、1日300ml〜600ml程度の日もありました。

【この時期の他の職種へのアプローチ】
①「食事をしっかり食べてもらうのか、制限するのか」（医師・看護職・管理栄養士）

　血糖値が上昇したことにより、介護職としては食べてもらっていいのか、いけないのか迷うことがありました。水分に関しては甘い物を好んで飲まれるため、どの程度までいいのか、間食は……戸惑いました。

　主治医を交えてのカンファレンスを行いました。結果、高齢でもあり、血糖値もそれほど高値ではないので、糖尿病の管理より、①好きな物を好きなだけ食べてもらう。②摂取量が少ない時は栄養剤

を飲んでもらう、という結論になりました。家族にも説明し同意を得ました。

　看護職、管理栄養士、介護職が食事量をこまめにケース記録に記載し、情報共有を図るようにしました。どんな物を食べられたか、量も記載しました（**図表3-21**　Cさんの24Hシートの■部分参照）。

　在宅生活から自分のペースで好きな物を食べられるだけ食べてきたCさんにとって、無理に食べるよう勧めたり、無理に介助をすることは負担であり、ストレスにつながります。Cさんの生活スタイルを崩すことなくおいしく、楽しく食べてもらうためにはどうしたらいいかを常に意識しながら、各専門職と話をしながら進めました。

②水分量摂取の最低ラインを決める（医師・看護職）

　食事、水分とも介助されることを嫌がることが多いので、無理やり介助することはできません。日を追うごとに水分摂取量は少なくなりました。そこで、最低ラインを決めることにしました。もともと水分をあまり摂らないので、16時までに24時間トータル水分量が400ml以下であれば、看護職に報告。食事量も考慮し、点滴を実施することになりました。日中なるべく経口摂取を促し、16時には必ず看護職に連絡しました。その結果、1週間に1回程度の点滴頻度がありました。

緊急時の対応と多職種の連携

　Cさんは高齢でもあり、身体機能の改善や食事量の増加は考えにくく、まさしく「現状維持」を目標にあげるしかありませんでした。
　カンファレンス時に各専門職から家族に説明し、多職種連携を図って対応することを確認しました。
　図表3-23の内容の話を各専門職から家族に伝えることで、家族は「安心しました。家ではここまでできません」と話していました。自宅とは違い、専門職がいつもそばにいること、すぐに対応できることは、施設に入居する大きなメリットです。そのメリットを最大限活かすことが必要であり、それが入居者、家族にとっての安心感につながるのだと思います。
　また、カンファレンスの場で今後のリスクに対する対応等も話し

図表3-23 家族と確認した各職種の緊急時対応

介護職	・暮らしのなかでさまざまな視点から観察し記録に残しておく ・寄り添いながら気持ちをくみ取り、気づきにつなげる ・家族に常に暮らしぶりや変化を報告する ・多職種間で暮らしぶりやデータ等の情報提供を行い、共有する ・生活リハビリを通して身体機能の維持を図っていく
看護職	・健康管理については看護職から、食事、水分量の把握を行い、管理栄養士と相談しながら、栄養補助食品等の提供を検討する ・血液検査を定期的に行い、結果を他職種と共有し対応していく
管理栄養士	・引き続き、補食の金時豆の煮もの個別パックの提供、栄養補助食品の提供 ・介護職と情報共有を行いながら、食べられるものを準備提供していく
リハビリ職	・個別リハビリ計画をもとに個別体操実施、痛み等の観察、ストレッチ等を行う。 ・転倒の危険性は高いので歩行器の調整、歩行訓練等無理のないように実施する。

合いました。「高齢でもあり急変することはあり得ます」という話もしました。家族の希望としては、「延命治療は望まない。最期までゆうらくで過ごさせてほしい」というものでした。急変されたときには、状況に応じて病院受診になる可能性もあること、常に主治医、看護職と連絡体制が取れること等も説明し、家族の連絡先の確認して、状況によっては専門職の判断に任せてもらうことの同意を得ました。

まとめ——暮らしを支える各専門職の連携

　Cさんは高齢ということもあり、どこまで食事や活動を進めていくか、多職種間で連携を図りながら進めてきました。現場の介護職は食事、水分摂取にこだわりを持ち工夫してきましたが、「欲しくない」「したくない」と言われることが多く、いつも「どうしたら…」と悩んでいました。

　健康状態の安定は入居者の生活機能の維持向上に大きな影響を及ぼすことから、多くの入居者のニーズとして健康管理が挙げられます。Cさんのようにさまざまなリスクがある入居者の支援の中心は「病状安定、健康維持」となります。専門職として健康管理、栄養管理だけにとらわれることなく、低下していく意欲や機能を守りつつ、その人にとっての暮らしを他の職種を交えて考える必要があると強く感じました。

病状維持、健康維持に終始して「暮らしの継続」「暮らしを支える」ことを忘れてしまいがちになりますが、各専門職がしっかりとした情報を持ち、共有することで、その人らしさを理解し、サービスを提供することが大切です。

　また、施設では介護職が中心となりケアが提供されます。そこには介護職の思いがあります。しかし、他の専門職もそれぞれの思いがあります。情報を共有し各専門職が対話をすることで、同じ方向を向いてケアにあたることができるのではないでしょうか。

4 終末期にある人の事例

特別養護老人ホームおおやま

「施設で最後まで暮らしたい」と考える方が増えてきました。Dさんの事例は、そのなかでも、遠方に暮らす家族との相談や協力、施設で終末期が近づいてからの家族の思いをどう受け止めるかを、どのように支援につなげていくかを考えた事例です。

● Dさんの基本情報

フェイスシート

氏名	Dさん
性別	女性
年齢	89歳
要介護度	要介護5 障害高齢者自立度C2 認知症高齢者自立度Ⅳ
既往歴	アルツハイマー型認知症・逆流性食道炎・便秘症
家族	夫と4人の子どもがいるが、遠方で暮らしている
本人と家族の要望	【家族】苦痛なく自然な最期を迎えてほしい
生活状況及び入居までの経緯	10年前からもの忘れがある。いつも夫と一緒で、いないと不安になる。夫の体調が悪くなると本人も精神的に不安定になり、ストレスから胃潰瘍を発症する。在宅のサービスは、デイサービス・ヘルパー・ショートステイを利用していた。

現在の状況

歩行	フルリクライニング式車いす
食事	ベッド上での介助 嘔吐があるので、少しずつ
排泄	おむつ使用
入浴	フルリクライニングタイプのシャワーキャリーを使用
生活	居室で過ごすことが多くなる 体調をみながら離床をしている 眠っていることが多い
その他	要介護5

既往歴と生活の不都合

アルツハイマー型認知症	穏やかに過ごされている
逆流性食道炎	嘔吐があり、多い量は食べることができない

終末期ケアを行うに至った経緯

　入居して数年が過ぎた頃から、Dさんの食事量にムラがみられました。調子のよいときは、全量を介助にて摂取していますが、誤嚥する可能性も高いため、主治医とも相談しながら、家族の気持ちを伺うことにしました。

● 障害の状態

　逆流性食道炎の既往がある。口腔内には傷がないのか、義歯はあっているのか、担当の看護職を交え、食事の様子を確認しながら原因を探りました。

● 家族の気持ち

　「どのようにしたら食べることができるだろうか」と家族は心配していました。また、食べられるようになったとしても、誤嚥が心配であるとのことでした。

● 医師から家族への説明

　医師からは「食べることができないと体重の増加につながらない」と家族に説明がありました。しかし、無理して食べると、嘔吐や誤嚥性肺炎も考えられる、とのことでした。

● 受診した結果

　嚥下内視鏡を受診し、栄養士や看護職、介護職が連携し、食事介助を統一しました（**図表3-24**参照）。細部まで歯科医師の指示があり、安全に食事をすることができました。また、口腔内に問題がないのか、歯科医師と相談しました。

図表3-24　嚥下内視鏡の結果を受けたケアのポイント

介助のポイント	一口量：ティースプーン（10g） 食事時間の制限：45分 食事の前後：3倍のトロミ茶 服薬：トロミ茶に混ぜる
口腔ケア	歯垢・舌苔除去のブラッシング 義歯は毎食後に外す 口腔ケアをする前に口の外や内をマッサージすると、力が入りにくい。また、歯ブラシを縦に入れて汚れをかき出し、丁寧に磨く。
とろみのつけ方	栄養士が実際にユニットで指導し、24Hシートに記載し、様子を確認する。
服薬の仕方	看護職が薬の効用を伝えるとともに、指示通りに行えているか実際に介助をし、確認する。

図表3-25　Dさんの課題と多職種によるアプローチ（初回の受診時）

入居者の課題	食事量にムラがある
職員の課題	誤嚥していないか心配

入居者の課題　食事量にムラがある

介護職・医師：歯科医と相談し口腔ケアを検討

↓

介護職・看護職・栄養士：食事介助方法を統一
⇒食事量を確保・体重も減少せず
⇒口腔ケアは歯科衛生士から高評価

結　果　入居者は…

はじめは安定していたが、再度、食事量・水分量に少しずつムラがでてきた

　図表3-24のとおり、Dさんの介助を行いました。食事量が確保でき、体重の減少も見られませんでした。口腔ケアについては、歯科衛生士の評価に「きれいにしてある」とのコメントがあり、ユニット職員の自信にもつながってきました。家族との面会も頻繁にあり、食事介助をしたり、散歩にでかけたりもしていました。家族はDさんの落ち着いている様子を見て、安心していました。しかし、年が明けてから、少しずつですが、食事量・水分量にムラがでてきました。このため、家族と再度相談し、2回目の嚥下内視鏡を受診しました。

● 2回目の受診後のDさんの様子で気づいた点

介護職

　食事に時間がかかるようになり、口の開きが小さく、すぼめる様子がみられます。

　眠気が強いことが多くなってきています。笑うことが少なくなってきました。

看護職

　嘔吐することが多くなっています。逆流性食道炎の既往があることを念頭に置きながら、全身状態について確認をします。尿量も少なくなっており、認知症の症状が進んできていることも考えられます。主治医に相談し、嚥下内視鏡の受診とDさんの今後について家族に確認することが必要です。

図表3-26　カンファレンスの概要

カンファレンスの参加者：
　家族（夫・長女）・生活相談員・ユニットリーダー・看護職・栄養士・ケアマネジャー

カンファレンスの結果：
①家族の希望として
　苦痛な思いはさせたくないが、原因を知りたい。内科的な検査を希望する。栄養は摂ってほしいが、補助食品だけに頼るのではなく、食べ慣れたものにしてほしい。食事を楽しんでほしい。
②今後として
　嚥下内視鏡を再度受診する。胃カメラの検査をする。食事について、甘いものが好きなのであんこや果物を準備する。

　図表3-24から大きく変更はなく、とろみの付け具合が変更されました。体重の維持や食事量の低下はみられないものの、日中、眠っていることが多くなってきました。日によっては、中庭の花をながめていました。また、米寿のお祝いには、家族と一緒に着物姿で参加していました。声かけにも笑顔がみられていました。月に何度か嘔吐することもあり、家族へ状況を伝えつつ、家族の気持ちを読み取るようにしました。しかし、キーパーソンであるDさんの夫は体調を崩し、入院することが多くなり、面会の回数が減ってきていました。

　Bさんの嘔吐の原因がわからず、家族にとって不安な日々が続きました。内科的な病気のことも心配されました。しかし、家族から痛みを伴う検査を行いたくないとの希望がありカンファレンスを開催し、再度、嚥下内視鏡を受診してもらうことになりました（**図表3-26**参照）。

●受診の結果

　胃カメラ：嘔吐の原因については、器質性というより機能性ではとの診断
　嚥下内視鏡：食事姿勢の変更

　3回目の受診結果をうけて、Dさんにとって食事とはどういうものなのか話し合いを行いました。栄養価のみを考えるのではなく、もっと身近なものでなければと、栄養士は素材を活かしたメニュー

を考え、看護職やリハビリ職と一緒に嘔吐したときの体位やタイミングをデータに残しました。服薬については、主治医と相談しました。

家族より相談があり、今までキーパーソンだったDさんの夫の具合が悪く、自宅で看取るつもりにしているため、なかなか面会に行くことができないとのことでした。体調の変化がみられたときは、連絡し、家族が安心できるように暮らしをサポートすることを伝えました。

嘔吐が頻回にみられるようになっていたため、食事姿勢や食事量について看護職・栄養士・リハビリ職を含め、介助を行っていることを確認しました。誤嚥性肺炎にも気をつけながら、また、水分量の低下も考えられるため、そのことが原因で脱水にならないように介助を行っていくことを確認しました。

図表3-27　Dさんの課題と多職種によるアプローチ（3回目の受診後）

入居者の課題	嘔吐があるので何か病気があるのではないか
職員の課題	苦痛なく過ごしているか心配

入居者の課題　嘔吐がある

カンファレンス
介護職・生活相談員・看護職・栄養士・ケアマネジャー

家族
・苦痛な思いはさせたくない
・食べ慣れたもので、食事を楽しんでほしい
⇒内視鏡検査・胃カメラ検査の実施する
⇒好物の甘いものを用意する

主治医
機能性の嘔吐ではないか

看護職
リハビリ職
・姿勢やタイミングのデータを取る
・主治医に服薬を相談

栄養士
素材を活かしたメニューを考える

結果　入居者は…
好物のときは、口にすることができるようになった

看取り契約

看取りの契約を行うことになりました。今まで連絡先・身元引受人であったDさんの夫がなくなり、Dさんの子どもたちが連絡先・身元引受人となる報告を受けました。「自然な形で最後を迎えさせてほしい。父のこともあったので、母には苦痛を与えずに最後を迎えてほしい」と子どもたちから話がありました。家族の気持ちが固まったこともあり、施設で最後を迎える環境を整えることになりました。

● **看取り契約時の対応**

医師

①浮腫があり、利尿剤を使用したところ、浮腫が軽減されて食欲も少し出てきました。しかし、今後も浮腫になることも考えられます。

②採血で軽い貧血と低たんぱくであることがわかりましたが、肝臓と腎臓の機能は問題ないようでした。

③今後、発熱や痛みが出るようであれば、抗生剤や鎮痛剤の使用など、施設でできることを行うことにします。

管理者

おおやまで最後まで暮らすことを確認しました。Dさんの症状に応じて、医師に指示をもらい、点滴などを施行します。Dさんの状況については、定期的に家族に連絡していくことにします。希望があれば、家族の宿泊もできます。また、危篤な状態に陥った場合は、延命処置や病院への搬送はしないことになりました。

家族の希望を受けて、ケアプランには、①苦痛なく過ごせるようにする、②食事は好きなものを味わえるようにする、③家族不安の軽減、を加えました。

苦痛なく過ごせるために無理なリハビリはせず、今、できることを行うことになりました。また、Dさんの体調が良い時は、離床して、Dさんの子どもたちの声を聞いたり、大好きな花をながめられるように花を飾ったり、家族の写真をよく見えるようにと、環境を整えました。

ケアプラン・24Hシート作成

図表3-28　Dさんの24Hシート

開始	終了	生活リズム	意向・好み	自分でできること	
05:00		眠っている			
06:00		眠っている	(家族より) 目を開けていても起こさないでほしい		
07:00	07:30	起きる 下着を交換する	(家族) 褥瘡など作らず、いつも清潔にしていてほしい		
07:00	07:30	歯を磨く	(家族) 口の中にブラシを入れるのが不快なので、手早くしてほしい 嘔吐しないように気をつけてほしい	少しの間であれば口を開けていられる。	
07:00	07:30	顔を拭く 髪をとかす	(家族より) いつもきれいにしてほしい		
07:00	07:30	体温・血圧・脈拍を測る			
08:30		食前の薬を飲む	(家族) 嘔吐しないよう対応してほしい		
08:30	09:00	朝食を食べる 下剤を飲む	・食べさせてもらうのは好きではない (申し訳ない思い) ・嫌いなものは食べたくない ・甘いものが好き (あんこ類) ・素材の味を味わうようにしてほしい ・食欲がないときはアイスにしてほしい		
09:00	11:00	リビング・居室で過ごす	(家族) 家族の写真を見せたい 穏やかに過ごしてほしい 寝たきりにならないようにしてほしい 音楽やラジオを聴かせ、寂しくないようにしてほしい		
17:00		体の向きを変える			
17:00		夕食を食べる	(家族) 本人の好きなものを食べさせてほしい		
18:00		歯を磨く 義歯を洗う	義歯を外し、歯ブラシをされるのが嫌い		
18:40		下着を交換する			
19:00		寝る	寂しいので小さい電気を点けてほしい		
20:00					

●…ケアプラン　　▲…リハビリ　　■…口腔ケア

	サポートの必要なこと
	見守り（顔色・呼吸状態・嘔吐などの異常がないか確認する）
	見守り（顔色・呼吸状態・嘔吐などの異常がないか確認する）
	目を開けていれば声かけをし、ケアの確認・準備をする ●①声かけをし、下着を交換することを伝える ②交換時に足がベッド用手すりに接触しないように、前もって手すりを外しておく ③腸骨、仙骨部に発赤・表皮剥離がないか確認をしながら陰部洗浄を行い、装具をあてる（毎回、尿測を実施する） ④身体の向きを変え、姿勢を整える（右肩に褥瘡あり、右側臥衣の際は肩がベッドマットに触れないように注意する） ※拘縮予防のため、足の間に円筒のクッションを挟む ※体位変換の刺激で嘔気をもよおすこともあるようなので、体を激しく揺らさないよう、ゆっくり向きを変える
	●■①コップを2つ準備し、一方にブラシを洗う水、一方に洗口剤を入れておく ②口角の奥に指を入れ、十分口を開いた状態にし洗口剤を浸して絞った歯ブラシで、歯を優しく磨く ③スポンジブラシを洗口剤に浸し（浸け過ぎないように絞ってから）口腔内の汚れを拭き取る（喉を刺激し、吐き気を誘引しないように注意する） ※義歯は外れやすく、歯科医師より無理にはめる必要はないとの見解を受ける
	蒸しタオルで優しく顔を拭き、くしで髪をとかす
	●看取り対応のため、定期的に測定をする（起床時・10時頃・15時頃） ※体温は比較的平熱。血圧は上80～90／下40～50と低め（この数値より低い場合は医務へ連絡する） ※体温を測る場合、脇の下に隙間があるため、しっかり皮膚にあてて測定する
	食前の吐き気止め薬をお茶に混ぜ、シリンジで内服する
	※朝の食事内容はスベラカーゼ粥（100g）＋ミキサー食（各75g）とお茶（粉飴入り）150cc ※水分は小さじ1杯のとろみをつける ・食事の際はフラットな姿勢で、汚れを防ぐためにタオルを使用する ・身体を傾けすぎると食事が口からあふれ、こぼれてしまうため、側臥位で摂取する ・食後は吐き気止めと下剤（漢方）をお茶に混ぜて内服してもらう（くしゃみが出ると、嘔吐を誘引するおそれあり。症状が出た場合は、無理させず中止する） ●毎食後、摂取量・水分量を確認する ●アイスの数を確認する
	見守り（顔色・呼吸状態・嘔吐等の異常がないか確認する） ・居室で過ごす際は、コルクボードの写真や壁の写真が見えるように姿勢を調整する ●家族が持参されたCDプレーヤーでCDを流したり、ラジオを聴かせる（あまり大きな音にしない） ●居室の掃除をモップで行う。手すりの消毒も行う
	●身体の向きをかえ、姿勢を整える（右肩に褥瘡あり、右側臥衣の際は肩がベッドマットに触れないように注意する）。 ※拘縮予防のため、足の間に円筒のクッションを挟む。 ※体位変換の刺激で嘔気をもよおすこともあるようなので、身体を激しく揺らさないよう、ゆっくり向きを変える。
	※食事内容はアイス＋お楽しみ食（あんこ・果物缶など）＋お茶100cc ※水分はトロミ1杯のとろみをつける ・食事の際はフラットな姿勢で、汚れを防ぐためタオルを使用する。 ・体を傾けすぎると食事が口からあふれこぼれ出てしまう、側臥位で摂取する ・シリンジを使用し口角より差し込み、1プッシュ10cc程度を注入する ・食後は吐き気止めと下剤（漢方）をお茶に混ぜて内服してもらう（くしゃみが出ると、嘔吐を誘引するおそれあり。症状が出た場合は、無理せず中止する） ●毎食後、摂取量・水分量を確認する
	●■①コップを2つ準備し、一方にブラシを洗う水、一方に洗口剤を入れておく ②口角の奥に指を入れ、十分口を開いた状態にし、洗口剤を浸して絞った歯ブラシで、歯を優しく磨く ③スポンジブラシを洗口剤に浸し（浸け過ぎないように絞ってから）口腔内の汚れを拭き取る ④スポンジブラシの汚れを水で洗い流し、スポンジを絞ったら最後に仕上げで口腔内を拭き取る ⑤奇数日は義歯を洗浄する
	●①声かけをして下着を交換することを伝える。 ②体動あるため交換中は離れず、手すりを外さない。 ③陰部清拭後装着をあてる。尿測をする。
	布団を掛け、小さい電気をつけておく
	見守り（顔色・呼吸状態・嘔吐等の異常がないか確認する） ※以後1時間ごと見守りを行う

3章　生活の流れからチームケアを考える

図表3-29　入居者と家族の意向と援助の方針

入居者および家族の生活に対する意向	本人：確認できず 家族（子どもたち）： ・苦痛なく自然な形を迎えてほしい ・食事は昔から食べ慣れているものを時々食べさせてほしい ・寝たきりにならないようにときどき起こしてほしい
総合的な援助の方針	施設での看取りのケアをさせていただきながら、安心して最後を迎えることができるようにします ・苦痛なく過ごすことができるように支援します ・食事は食べ慣れているものを少しでもよいので食べてほしい ・快適に過ごすことができるように支援します ・家族への連絡を行います

図表3-30　施設サービス計画書の概要

課題	長期目標	短期目標	援助内容	頻度	職種	担当
お穏やかに自分のペースで過ごすことができる	普通の生活が継続できる		日々の観察	毎日	介護職・看護職	ユニット職員・看護職
			バイタル測定	1日3回	介護職	ユニット職員
			回診	随時	医職・看護職・介護職	主治医・看護職・ユニット職員
			尿量の確認・排便の確認・薬の準備・介助	毎日	介護職・看護職	ユニット職員・看護職
			体重の管理	週1回	看護職・介護職・栄養士	看護職・ユニット職員・管理栄養士
		楽しんで食事を摂ることができる	食事の準備・介助	毎日	介護職・家族	ユニット職員・家族（随時）
			嗜好の確認	随時	介護職・栄養士	ユニット職員・管理栄養士
			お楽しみの準備	必要時	介護職・栄養士	ユニット職員・管理栄養士
		肺炎を予防することができる	口の中をきれいにする介助を行う	毎日	介護職	ユニット職員
		褥瘡の予防につなげる	ベッドの上では、一定時間ごとに身体の向きを変える介助を行う	毎日	介護職	ユニット職員
			皮膚状態の確認	毎日	介護職	ユニット職員
			エアマットの確認	毎日	介護職	ユニット職員
		介助を受けながら清潔時保持をすることができる	入浴時の介助・整容の介助・排泄時の介助・居室内の環境整備	毎日	介護職	ユニット職員
終末期のケアで苦痛なく過ごしてほしい		苦痛なく、安心して過ごすことができる	体調の変化に留意しながら家族への報告・相談	随時	介護職・看護職・生活相談員・ケアマネジャー	ユニット職員・看護職・生活相談員・ケアマネジャー
			環境整備・ラジカセの使用介助	随時	介護職	ユニット職員

モニタリングで必要とされる情報と専門職のかかわり

　大事なことは、さまざまな情報についていかに共有し、それぞれの専門性を発揮できるかにあると考え、月に1回のユニット会議では確認をしています。今までの終末期ケアで学んだことを活かせるようにしたいと、小さなことの積み重ねが大事だと考えるようになってきました。その内容は**図表3-31**のとおりです。

　月に1回ではありますが、情報を共有することで入居者一人ひとりを知ろうと時間をつくろうとしています。職員の異動等があれば、しっかりと情報を得てケアするために、再度、情報の確認を何度も行っています。また、カンファレンスの中では、家族の気持ちが揺らぐこともあり、その思いに耳を傾けていくことも大切です。

　例えば、好きな食べ物について情報が得たときは、すぐに担当の栄養士に報告します。栄養士は他の栄養士と相談し、ユニットへ足を運び、入居者の動きがみえるようにしています。そして、一緒に介助をしながら、入居者にとって何がよいのかを一緒に考えます。

図表3-31　各専門職の情報共有事項

ユニット	日々の様子を記録に残すこと、気づきを大事にし、居心地のよい空間づくりを考えていくことができないか。 ・食事量の変化と介助の方法 ・好きな食べ物 ・体位変換時のポジショニング（リハビリ職を含めて確認） ・口腔内の様子と口腔ケア（歯科衛生士からの指導を含めて）
医療職 （特に担当看護職）	ユニット内での情報収集と今後予想される身体的な変化について情報の発信 ・冷感時の対応 ・嘔吐時の対応 ・バイタルの確認の仕方（通常時との違いとの見極め）
管理栄養士	栄養面ことだけでなく、今までの食生活についての理解 ・食事、水分量の確認 ・食事介助の様子 ・体重維持 ・なじみの味の追求
管理者・相談員	日々の様子の観察、家族への連絡
リハビリ職	食事姿勢や体位の維持の指導・確認
ケアマネジャー	ケアプランの確認

緊急時における各専門職の連携

　最近では、人生の最後を自宅で迎えることが少なくなりました。このため、看取りの際に、どうしたらよいのかわからず、頭が真っ白になってしまうこともあるようです。施設には多職種がいるといっても一人で判断することも多く、看取り対応に不安がある職員も多いのが現実です。このため、年１回の終末期ケアについての研修だけでなく、施設内外の自主的な研修に参加し、知識を得ています。また、緊急時のマニュアルを作成、不安なく、対応できるようにシミュレーションを行います（**図表3-32**参照）。

　Dさんの場合では、遠方に家族が住んでいたため、家族には週に１回、Dさんの生活や体調のことについて話をしました。また、いつもと違うことに気がついたユニット職員が看護職へ連絡し、同時に生活相談員へも連絡しました。看護職は状況を確認後、医師へ報告し、生活相談員は家族への連絡を行いました。家族の気持ちを考えながら、Dさんが一人にならないように配慮をしました。

図表3-32　施設で入居者が亡くなられた場合の職員の召集

日中時間帯
①施設長（家族対応）
②相談員（線香、水、花等の準備及びエンゼルケアの補助）
③フロアリーダー（介護職が不足の場合、招集しエンゼルケアの補助を要請）
④ユニットリーダー（介護職が不足の場合、招集しエンゼルケアの補助を要請）
⑤看護職（看護業務で調整上、必要の場合は招集しエンゼルケア等を要請）
・日中時間帯は対応できる職員が多いのでフロア・ユニットリーダーは連絡のみとするが、エンゼルケア等に職員体制が不足の場合は、招集の依頼をする。
・ユニット職員へは全員電話連絡を入れる。

深夜時間帯（19:00〜7:00）
①施設長（家族対応）
②相談員（線香、水、花等の準備及びエンゼルケの補助）
③フロアリーダー（介護職が不足の場合、招集しエンゼルケアの補助を要請）
④ユニットリーダー（介護職が不足の場合、招集しエンゼルケアの補助を要請）
⑤看護職（看護業務で調整上、必要の場合は招集しエンゼルケア等を要請）
・時間帯を考慮したうえで、ユニット職員へは電話連絡を入れる。

まとめ

　ユニットの職員はDさんの食事について悩みました。食べることが苦痛とならないように家族の思いを理解し、栄養士とは食事について、看護職とは薬について、リハビリ職とは姿勢や体位について、ともに考えることができたケースでした。24Hシートの情報を共有することで、それぞれのスタッフの思いだけでなく、専門的な見解を共有することにつながりました。改めて24Hシートの有効性について感じることができたと思います。

　Dさんのケースでは、家族の迷いも大きく、終末期ケアにつながるまで時間がかかりました。しかし、家族の気持ちをスタッフ間で共通認識し、私たちは何ができるのか、話し合いました。緊急時には、家族は遠方にいることが予想され、その対応をどうするかについても家族の意向を伺いました。役割も主治医・家族・管理者への連絡は誰が行うのかどの順番なのか細かく決めています。しかし、その場になると頭が真っ白になるものです。このため、常に声をかけあい、指示が出せるようにしています。この声をかけあうことがチームワークの第一歩だと感じます。

　Dさんは、ユニットの職員と家族の写真に囲まれて最後を迎えました。振り返りのなかで、家族より「急なようで、急でなかったような……寂しいですがここで本当に皆さんからよくしていただきました。もう、ここには、来ることができなくなるね。」との言葉がありました。おおやまが、家族にとっても拠りどころになっていたような気がしました。

●執筆者一覧(付記は肩書きと本書の執筆箇所。執筆順)

秋葉 都子	(一般社団法人日本ユニットケア推進センターセンター長)	はじめに
大橋 謙策	(公益財団法人テクノエイド協会理事長・東北福祉大学大学院教授)	序章
五十棲 恒夫	(社会福祉法人長岡京せいしん会理事長)	第1章
小林 光俊	(公益社団法人日本介護福祉士養成施設協会会長)	第2章1理論編
野村 美代子	(介護老人保健施設「ぺあれんと」介護主任)	第2章1実践編
小野 幸子	(宮城大学看護学部・大学院看護学研究科老年看護学領域教授)	第2章2理論編
杉山 結子	(特別養護老人ホーム「晃の園」看護師統括部長)	第2章2実践編
梅津 鋼	(特別養護老人ホーム「ちょうふ花園」施設長・理学療法士)	第2章3実践編
兒山 左弓	(常葉大学健康プロデュース学部健康栄養学科准教授)	第2章4理論編
芦澤 菜月	(社会福祉法人市原寮管理栄養士)	第2章4実践編
嶋中 多賀子	(特別養護老人ホーム「白浜日置の郷」施設長・和歌山県介護支援専門員協会研修部企画員)	第2章5理論編
金渕 美保	(特別養護老人ホーム「メープル」介護支援専門員)	第2章5実践編
和賀 明子	(特別養護老人ホーム「杜の里」生活相談員)	第2章6実践編
海和 隆樹	(社会福祉法人宮城厚生福祉会法人事務局長)	第2章7実践編
笠松 和美	(特別養護老人ホーム「第二天神の杜」生活相談員)	第3章事例1
藤崎 まゆみ	(特別養護老人ホーム「望星荘」介護主任)	第3章事例2
嶋田 智子	(特別養護老人ホーム「ゆうらく」介護課長)	第3章事例3
小林 朋子	(特別養護老人ホーム「おおやま」介護主任)	第3章事例4

(平成27年2月1現在)

●編集協力

菊地 奈津子 (一般社団法人日本ユニットケア推進センター副センター長)

施設ケアに役立つ

多職種協働ハンドブック
専門的視点と24Hシートの活用

2015年4月1日　　初版発行

監　修　一般社団法人日本ユニットケア推進センター
発行者　荘村明彦
発行所　中央法規出版株式会社
　　　　〒110-0016 東京都台東区台東3-29-1 中央法規ビル
　　　　営　　業　Tel. 03-3834-5817　　Fax. 03-3837-8037
　　　　書店窓口　Tel. 03-3834-5815　　Fax. 03-3837-8035
　　　　編　　集　Tel. 03-3834-5812　　Fax. 03-3837-8032
　　　　Ｕ Ｒ Ｌ　http://www.chuohoki.co.jp/

装幀・本文イラスト　はせまみ
印刷・製本　株式会社ルナテック

定価はカバーに表示してあります。
本書のコピー、スキャン、デジタル化等の無断複製は、著作権法上での例外を除き禁じられています。また、本書を代行業者等の第三者に依頼してコピー、スキャン、デジタル化することは、たとえ個人や家庭内での利用であっても著作権法違反です。
落丁本・乱丁本はお取替えいたします。
ISBN978-4-8058-5145-6